IN AFRIKA

IN AFRIKA

Bilder eines fantastischen Kontinents

von Pascal Maitre

GEO

KONGO (République démocratique du Congo, vormals Zaïre) 1985.
(vorhergehende Seite)
Rund um den Kivu-See im Grenzgebiet zu Ruanda liegen kleine Familienanwesen in Bananenpflanzungen versteckt. Die auch im Nachbarland übliche Einsiedelei begünstigte heimliche Gewalttaten der Hutu an den Tutsi

BURKINA FASO 1994.
Der »Chef der Masken« vom Volk der Bobo ist gestorben. Zu seiner Begräbnisfeier bei Boni im Landeswesten treten Darsteller in den Masken von Büffel und Antilope auf, um den trauernden Clan daran zu erinnern, dass dessen Urahnen einst von diesen Geschöpfen vor dem Untergang bewahrt worden sind

INHALT

VORWORT

„Ich glaube nicht, dass meine Bilder die Aufgabe oder gar die Wirkung haben, die Welt zu retten", hat Pascal Maitre einmal in einem der raren Interviews mit ihm gesagt. Der Satz bezeugt den gut ausgeprägten Realitätssinn eines Fotografen, der reichlich Anlass hätte, sich für einen der ganz großen Foto-Reporter der Gegenwart zu halten. Das aber tut er nicht, denn noch die geringste Neigung zum Pompösen liegt Maitre so fern wie die philosophische Überhöhung, die ideologische Aufheizung seines Werks.

Maitre arbeitet an einem authentischen Bild Afrikas – fast scheint es: absichtslos – seit 20 Jahren. Zunehmend gelassener; immer mehr in dem Gefühl, dass sich die klarsten und wahrsten Augenblicke nicht erjagen lassen, sondern dass es Gleichmut braucht, um an die beredtesten Geschichten zu geraten. Der Reporter Michael Stührenberg, Maitres Begleiter bei den meisten der mittlerweile rund 20 Afrika-Reisen im Auftrag von GEO, beschreibt seinen Freund im Nachwort zu diesem Buch als einen, der hinschaut „wie ein Bekannter". Der vorbeikommt wie ein Mann aus der Nachbargemeinde; unaufwendig, vertraut, nebenbei.

Und das muss wohl nicht nur daran liegen, dass sich Maitre, geboren und aufgewachsen in der französischen Provinz, eine lebenslange Affinität zum Dorf erhalten hat, dem Schauplatz, auf dem Afrika von unten spielt. Obwohl er dort inzwischen lebt, läuft er nicht Gefahr, sich emotional und gedanklich von Paris, dem Zentrum einstiger französischer Kolonialpolitik, über Afrika zu senken. Er startet noch immer von seiner kleinen in die globale Peripherie und hat vor allem seine ersten Afrika-Erfahrungen im Team mit lokalen Journalisten gesammelt, unterwegs für die Zeitschrift „Jeune Afrique". Durch sie geriet er in die Familien, an die Tische, in die Feiern, in die Musiklandschaft, in die Gespräche, in die Stunden, in denen nichts geschah und in denen er sich im Sehen und Verstehen übte.

Maitre selbst führt seinen Zugang zu den Menschen auf seine „einfache Sprache" zurück, nicht auf das Studium der Psychologie, das seiner Fotografen-Karriere vorausgegangen ist – und darauf, dass er auch an Bilder (aus Gegenden) glaubt, „die ansonsten niemanden interessieren". Bilder, auf die er wartet, statt sie zu fordern. Die er sich einverleibt, selbst wenn er von ihnen kein Foto macht. Und die er „vorausahnt", je mehr er die Gewissheit hat, auch in Burkina Faso oder auf Madagaskar nach Hause zu kommen.

In über 30 Ländern Afrikas war Maitre unterwegs, in einigen von ihnen ein Dutzend Mal. Hunger, Bürgerkriege, Massenfluchten, Aids; Maske, Tanz, Ritus, animistische Zeremonie – natürlich hat Maitre *dieses* Afrika fotografiert. Aber noch ein anderes, jenes, das uns jenseits der Hauptnachrichten und der Folklore immer noch weitgehend unbekannt ist. Dieses andere Afrika liegt Maitre näher, denn er, verheiratet mit einer Afrikanerin, hält es für das eigentliche, das „normale". Und – dies kann man dann doch seine Absicht nennen – er will es auch dem Betrachter seiner Bilder näher bringen. Es ist das Leben, das die in Kamerun geborene Schriftstellerin Calixthe Beyala im einleitenden Essay zu diesem Buch gegen die Katastrophen auf ihrem Kontinent verteidigt und das in Hinterhöfen und Küchen spielt, auf Schulwegen, auf Feldern und sonntags im weißen Kleid. In Maitres Bildern spiegelt es sich für sie, schimmert es durch die neuesten Meldungen von Waffengängen in Eritrea oder brennenden Farmen in Simbabwe.

So hat Maitre vielleicht nicht das drastischste, wohl aber ein vielschichtiges Dokument eines schwierigen und fantastischen Kontinents zusammengetragen: bedrohlich und bezaubernd, dramatisch und alltäglich. Poetisch, aber pathosfrei. Und zu Recht: melancholisch.

Nur mit einem einzigen Bild von Pascal Maitre hat die GEO-Redaktion noch immer Probleme: einem Bild des Fotografen selbst. Obwohl wir seit 1988 mit ihm zusammenarbeiten, er seither zu den meistveröffentlichten Fotografen bei GEO zählt, ist Maitres Gesicht nur auf zwei, drei dürftigen Zufallsfotos zu sehen, und das passt zu den wenigen Worten, die er um sich macht. Es ist deshalb weniger seiner Initiative zu verdanken als der GEO-Bildchefin Ruth Eichhorn, dass aus den Afrika-Reportagen Maitres nun auch das vorliegende Buch geworden ist; mit zeitgleichem Erscheinen in den USA und in Frankreich.

Aber es ist Maitres Buch. Es ist seine Bildauswahl. Und es ist sein Verzicht auf mehr als eine nur weiträumig geographische Gliederung. Denn die Geographie, genauer: eine nur selten gemäßigte, in weiten Teilen spezifisch extreme, „repressive" Natur, sagt Maitre nach vielen Reportagen auf anderen Kontinenten, teilt und bestimmt die Menschen, ihre Kultur, ihren Lebenstil, ihre Dramen und Perspektiven nirgendwo noch so sehr wie in Afrika.

Üblicherweise von Textrecherchen begleitet, von Analysen flankiert und in einen erklärenden Kontext gebettet, tauchen Maitres Bilder von der Seele des dunklen Kontinents hier nun „zusammenhanglos" auf – völlig offen für einen freien, ungefilterten Blick auf sie; für eine zweite Entdeckung, die sie verdienen. Dass ihnen ein Text vorangestellt werde, dessen Autor/in Afrikas Erde an den Füßen, Afrikas Mythen im Herzen und Afrikas Himmel im Kopf hat, war Maitres Wunsch. Er hat mit Calixthe Beyala eine Frau dafür gewonnen, die uns erklärt, was wir nicht erklären können.

Hamburg, im Juni 2000

Peter-Matthias Gaede
Chefredakteur GEO

MEIN AFRIKA KAM SONNTAGS

Calixthe Beyala

ICH BIN JEDESMAL ERSTAUNT, wenn ich Experten den unmittelbar bevorstehenden Tod des afrikanischen Kontinents prophezeien höre, sollten die Regierungen der westlichen Länder nicht unverzüglich Maßnahmen ergreifen, um der bitteren Armut Afrikas Herr zu werden, seiner absonderlichen Stammesfehden, seiner verstümmelten Wirtschaftssysteme, seiner Sumpffieber und seiner jahrhundertealten Bräuche.

Ich betrachte nur den Himmel über meinem Afrika, und hinter meiner Stirn ziehen Bilder vorbei: muskulöse Männer, Bezähmer der Wälder und Berge; androgyne Menschen des Sahel, vertrocknet wie die überlebenden Äste eines verdorrten Baumes; Hirse stampfende Flammen-Frauen, Mutter-Frauen, Schlangen-Frauen, Schleier-Frauen; Afrikas Frauen, die Mut säen und zum Gedeihen bringen. Ob erschöpft und stumm wie eine Taube über ihrer geschlüpften Brut, ob hitzig und zart, sie sind das Rückgrat des schwarzen Kontinents. Sie sind das Grün seiner Bäume und die Farben vieler anderer Bäume, deren Namen ich nicht kenne.

Welche Absurdität zu glauben, auch nur ein Wimperzucken lang zu glauben, dass die Flammen unserer Zivilisationen verlöschen könnten! Welch ein Unsinn sich vorzustellen, dass dieser in den Schoß der Erde gebettete Kontinent mit seiner Anpassungsfähigkeit und seinem Schöpfergeist stillstehen könnte! Afrika wird verschwinden, ja – wenn seine Frauen nicht mehr sein werden.

WAS DEINE AUGEN zu sehen glauben, sagte meine Großmutter mit ihrer Stimme so süß wie Zuckerrohr, können auch nur Sinnestäuschungen sein. Sinnestäuschung jener haarige Affe, der in seiner unsichtbaren Wirklichkeit ein Kind ist; jener Baum, der ein Bach ist; jene Frau, die ein Elefant ist.

Großmutter setzte sich in den Schatten eines Mangobaums, ihre dürren Beine gekreuzt. Reglos flog sie zum Anbeginn zurück. Ihre Libellenflügel wirbelten in der Luft, rissen den Himmel auf, sprengten die Mitte der Berge. Der Leopard-Mann flüsterte ihr Bilder zu, die sie verstummen ließen. Der Löwen-Vogel flatterte klagend in den Bäumen: Wann heiratest du mich, sag! Und die Götter predigten den Steinen das einzige animistische Moralprinzip: die Achtung vor dem Leben in jedem Ding.

Obwohl nun verwestlicht, bin ich wie Afrika aus diesem Unsichtbaren geschaffen, das meine Großmutter sah. Meine Wahrnehmung des Universums, die Ereignisse, die mein Schicksal durchqueren, die Beziehung zu meiner Umwelt sind von meiner animistischen Erziehung geformt. Die Toten sind nicht tot, sie sind in jenem leise im Wind raschelnden Blatt, in jenem Bach, sangen unsere Alten. Dein Totem-Tier ist dein Sinn. Ist es verletzt, blutest du; alles, was ihm geschieht, wird dir geschehen.

Es ist schwierig, vielleicht hoffnungslos, einem rationalistischen Geist den Sinn dieses Kosmos zu erklären. Es hat Jahre gebraucht, bis ich die westliche Kultur in die linke Hand und die afrikanischen Zivilisationen in die rechte Hand nahm und sie zu einem Ganzen verband, um zu verstehen, dass Weiße und Schwarze die gleichen Erscheinungen betrachten, aber nicht die gleichen Dinge sehen. Wie viele Missverständnisse, wie viel Unverständnis durchziehen unsere gemeinsame Geschichte! Wie viele voreilige Urteile. Wie viel Lachen, wenn man hätte weinen müssen. Wie viele Tränen, wenn man vor Freude hätte jubeln müssen.

GERADE DIE TAGE der „Unabhängigkeit" der afrikanischen Nationen waren eine der größten Farcen in der Geschichte der modernen Menschheit. Die „Unabhängigkeit" explodierte wie ein Feuerwerk in einem Bouquet aus Flugzeugen, die den Himmel kreuzten. Unten aber strömten die Menschen wie ein finsteres Gewissen aus den mit Girlanden geschmückten Häusern. Und die Flügel der Mangobäume, die Wurzelfüße der Kokospalmen und selbst die Rippen der Kaffeesträucher raschelten wie die Locken einer von den Geistern besessenen Alten.

Großmutter erzählte mir, dass sie auf der staubigen Veranda saß und Maniok stampfte. Das war unsere Realität: der Staub, der Maniok, was erklärt, warum sie nicht an den Festlichkeiten teilnahm. Als sich meine Tante Balbine aus der Küche aufmachen wollte, das rußverschmierte Gesicht von Aufregung und Vorfreude erhitzt, fragte meine Großmutter: Wohin gehst du? Solltest mir lieben helfen, die Maniokrollen vorzubereiten!

Die Unabhängigkeit ist da, Mutter!

Wer ist das, die Unabhängigkeit? Wer ist ihr Vater, wer ihre Mutter?

Sie bedeutet, dass wir frei sind!

Ach ja? Ich habe geglaubt, dass nur mein Geist mich befreien oder einkerkern kann.

Ist egal, Mutter. Du verstehst das nicht! Und Balbine fügte hinzu: Ich übrigens auch nicht. Aber der Präsident der Republik hat gesagt, es muss gefeiert werden.

Und der Präsident Ahmadou Ahidjo brüllte mit Emphase: Es lebe das unabhängige Kamerun!

In Zentralafrika feierte David Dacko, in Senegal empfing Senghor seine Freunde mit pompösen Worten: Wir werden, rief er, große Taten vollbringen! Mit wem? Wo waren die Intellektuellen, die Ingenieure, Buchhalter, Büroangestellten für all die großen und kleinen Taten? Wer ist die „Unabhängigkeit"? An jedem 1. Januar suchte die kleine Nachfahrin des Egede-Volkes, die ich bin, wie Millionen Afrikaner nach den Ahnen der Unabhängigkeit und ihrem Sinn. Die feierlichen Defilees machten mir Angst. Ich war besorgt: Hielt ich den Kopf gerade genug? Baumelten meine Arme richtig, wenn ich marschierte? Wir mussten doch unseren Würdenträgern zeigen, dass wir Bürger waren; von Gehorsam durchdrungene Bürger. Auch wenn wir von ihren politischen Ansprachen nichts verstanden; nicht, was nationale Einheit, und nicht, was die Souveränität des Staates bedeutete.

FÜNFZEHN KILOMETER weit war mein Weg zur Schule. Von unseren Lehrern wurde erwartet, dass sie uns erklärten, in welchem Mutationsprozess man solch unterschiedliche Völker wie die Bamileke und die Beti Kameruns unter einer gleichen Flagge vereinen wollte, die Malinke und die Fulbe. Trotz unserer kulturellen und ethnischen Traditionen wurden Französisch und Englisch als Landessprachen eingeführt. Wir besangen das Ende der „Barbarei". Und wir lernten „Mamadou und Bineta gehen zur Schule" auswendig, obwohl ich damals nicht einmal wusste, dass ein menschliches Wesen Mamadou oder Bineta heißen könnte. Meine Schulkameraden hießen Ngoyobi oder Biloa.

Wenn wir die Schule verließen, jauchzten wir vor Freude wie ein aufflatternder Schwarm von Rotkehlchen. Wir waren jedesmal so glücklich, diesem unverständlichen Anderswo entkommen zu sein. Wir fingen Küken ein, wir klauten saftige Mangos in den Höfen, verschlangen sie, um dann mit den Kernen die hungrigen Hunde zu bewerfen; wir fingen kleine Mäuse, begossen sie mit Kerosin, verbrannten sie lebendig und klatschten vor Freude in die Hände. Wir strichen um die Bars herum, in denen billige Nutten ihre Hinterteile kreisen ließen wie Ventilatoren. Und erst der Sonnenuntergang, der in unserem Afrika so plötzlich kommt, jagte uns in unsere Wellblechhäuser zurück, in unsere Strohdachhäuser, in unsere Ziegenhauthäuser.

Auch viel später noch, meine schriftstellerische Arbeit hatte mich inzwischen nach Dakar und nach Niamey geführt, nach Libreville und nach Bangui, schlüpfte ich in die Haut einer Vogel-Frau, meines Totem-Tiers. Ich überflog dann Städte und Felder. Ich kreiste über Umstrukturierungs- und Entwicklungsplänen und über Demokratisierungsprojekten. Und alle diese Theorien kamen mir lächerlich vor, denn unsere traditionellen Gesellschaftsstrukturen waren schon lange vor der Ankunft der Weißen demokratisch gewesen.

ICH BIN NOCH EIN KIND. Großmutter sitzt vor einem Kessel Maniok. Sie fragt mich nicht über die Schule aus, denn was man dort lernt, hat keinen Platz in der traditionellen Erziehung, die sie mir vermittelt. Sie hängt ihre Pfeife zwischen die Lippen, und wir gehen zusammen auf den Abendmarkt, dem Licht der Straßenlampen entgegen. Wir verkaufen unsere Maniokrollen, und andere Frauen verkaufen gedünsteten oder fritierten Fisch, Kochbananen oder Ananas oder wilde Mangos oder die Früchte des Mastixbaumes. In dieser Serenade aus Düften, aus Farben und Aromen breitet sich die gesamte kulinarische Vielfalt Afrikas aus.

Die Frauen schwitzten, schwatzten, krempelten ihre Auslage um, sparten ihre letzten Kräfte, damit ihre Familien überlebten, damit Afrika lebte. Die Leute kamen, kauften und redeten. Sie hätten von Molière reden können, was manche sogar taten, von Sartre oder Einstein. Doch wenn das Gespräch auf Zauberei gebracht wurde, auf den bösen Blick, auf die Geisterfrau, die menschliche Gestalt annimmt, um die Männer zu verhexen und sie zu täuschen, fielen alle Bildungsunterschiede und homogenisierte sich die Menge. Unsere Kinderherzen klopften wild; wir waren starr vor Angst, weil diese Geheimnisse Afrikas, diese unsichtbaren Welten, unsere Wahrheit waren, finster und mystisch, gewiss, aber die einzige Wahrheit, die sich uns auftat.

JEDER AFRIKANER, egal, woher er stammt, egal, welcher Herkunft er ist, ob reich oder arm, Bauer oder Städter, ob er in einem Mietshaus oder in einer Blechhütte wohnt, wird auf den Kopf seiner Mutter schwören, dass ihm mindestens einmal ein Geist über den Weg gelaufen ist, und er wird dessen Kräfte und dessen Versagen erklären; dessen Auftreten und dessen Vorgehen beschreiben.

Wie bei allen aus meiner Generation war meine Kindheit von diesen Geschichten erfüllt, was mich am Ende doch nicht daran hinderte, meine Hefte aufzuschlagen, mein Einmaleins zu lernen, meine Geometrie und meine Naturkunde. Die Welt kam mir vor wie eine entzweigeschnittene Kokosnuss. Die eine Hälfte war von der reinen Logik geprägt; die andere kringelte sich wie Wurzeln in der Erde, die sich heute noch mit meinem Haar verfilzen.

SPÄT IN DER NACHT deckte Großmutter den Tisch, um unsere Geister zu füttern. Sie suchte die besten Stachelschwein- oder Krokodilhäppchen für sie aus, die zartesten süßen Bananen. Wir zogen uns vorsichtig in unser Zimmer zurück: Man darf die Geister nicht erschrecken, flüsterte sie. Wir legten uns auf einem Strohsack schlafen. Sein beißender Geruch kitzelte mich in der Nase, und ich versank in Seligkeit.

Großmutter erzählte mir das Epos unseres Volkes, das auf dem Rücken einer Boa den Sanaga überquert hatte; sie erzählte mir von meinem Urgroßvater, der gewaltige magische Kräfte besessen hatte. Ich stellte ihn mir vor, groß gewachsen und so hager, dass er sich in der Umgebung auflöste. Bei Tagesanbruch pflanzte er eine Bananenstaude. Er stand aufrecht wie ein gestrafftes Seil. Er rief die Wassergeister und die Waldgeister zusammen, um die Staude wachsen zu sehen, bevor die Welt der Gespenster ihren bläulichen Schleier über die Sonne warf. Und sein Wille geschah.

Großmutter sagte, dass er unter meiner fleischlichen Hülle lebe. Sie kaute eine Kolanuss und spuckte mir den Saft ins Gesicht. Tochter Assanga Djulis, sagte sie dann, ich hoffe, dass die Schule der Weißen dir deine Kräfte nicht raubt. Und um meine Aufmerksamkeit zu fesseln, schloss sie: Was ich dich lehre, findet man in keinem Buch.

In Vollmondnächten verließen wir den Raum der modernen Zeiten, um in Afrika aufzugehen, dem einstigen, dem gegenwärtigen, dem zukünftigen. In der angehaltenen Zeit, in diesem kurzen Augenblick, der für uns ewig war, machte Großmutter ein Feuer; so riesig, dass die Glut am Himmel knisterte. Während sie Rinden und Blätter röstete, zog ich mich aus und kauerte mich vors Feuer. Und in diesen Stunden, wenn die Hitze nicht mehr glühte, stieg die Brise aus den ausgetrockneten Flussarmen auf, überquerte die Mauern, schlüpfte auf die Pfade, glitt in die Arme der Palmen, hielt über der Feuerstelle an, um die Düfte einzufangen und sie tief in mein Herz tropfen zu lassen.

UND DAS MORGENGRAUEN brachte einen Soldatenregen. Sie überschwemmten unsere Häuser: Wo sind die Widerständler? Wo versteckt ihr sie? Sie schlugen unsere Möbel kaputt. Sie zerschlugen unsere Kalebassen. Sie nahmen unsere Männer gefangen. Sie töteten, was es zu töten gab, Tiere und Menschen. Sie hingen sie an den Bäumen auf, damit wir die Allmacht unseres Präsidenten auf Lebenszeit nicht vergaßen. Wir sagten nichts, sie machten ja nur ihre Arbeit.

Was hätten wir ihnen entgegensetzen können? Auch unser Präsident auf Lebenszeit praktizierte die Weiße Magie, wie auch Bokassa oder Mobuto, Houphouët-Boigny oder Tombalbaye. Man flüsterte hinter vorgehaltener Hand, unsichtbare Mächte würden ihm unsere winzigsten Hintergedanken zutragen. Es war ihm möglich, in einen Gewittersturm zu schlüpfen, bei seinen Gegnern aufzutauchen und ihnen die Kehle zu durchschneiden. Deshalb hatten wir nur eine Freiheit: die Freiheit, den Mund zu halten. Die Soldaten verschwanden im Busch. Wir versammelten uns um unsere Feuer, aßen Bananenkrapfen mit roten Bohnen, Hirse- oder Sorghumbrei. Das Leben ging weiter. Die Katzen miauten. Die Hunde bellten. Die Regimegegner verwesten in der Sonne. Wie hätten wir um sie trauern können, wo wir doch nicht einmal eine Ahnung hatten, was das Wort Widerstand bedeutete. Es war zu hoch, es war zu weit, es war wie die Unabhängigkeit mit ihren politischen Geheimnissen, die gleichgültig über die auf dem Weg Liegenden hinweg trampelte und auf den Knochen Unschuldiger schritt. Das war nicht unser Afrika.

Unser Afrika kam sonntags und glich den Fotos, die ein Fremder namens Pascal Maitre später machen sollte, aufs Haar. In den Hinterhöfen liefen die halbnackten Kinder hinter dem Geflügel her. Sie fingen es unter Flügelgeflatter. Sie drehten ihm den Hals um, und die kleinen Mädchen rupften es unter dem gierenden Blick der knochenmageren Hunde. Dann gingen wir zur Wasserstelle, denn es war Zeit für die schönen weißen Kleider, für die Kirchenlieder, die Trommeln, die Marimbas, die Frauen, die aus Gottesliebe psalmodierend den Staub aufwirbelten.
Und was uns Kinder anging: Wir gingen mehrmals zum Abendmahl, um Christi Leib besser auskosten zu können. Wenn die Sonntagsmesse vorüber war, kehrten wir vor Müdigkeit und Hunger erschöpft nach Hause zurück, scharten uns um eine Kalebasse Reis mit Huhn, den wir mit den Finger aßen, während in der Ferne eine Stimme aus dem Radio Nachrichten herunterleierte, die hauptsächlich aus Erlassen und Todesanzeigen bestanden. Hin und wieder erfuhren wir, dass ein Aufstand des Kasaï-Volkes niedergeschlagen worden war; dass die Bewohner Biafras und des Tschad zu Tausenden aus ihrem Land flohen, um bei uns Schutz zu

suchen. Die Informationen drangen sinnentleert zu uns, sagten nichts über das Leiden aus, das sie mitschwemmten, und ließen unserer barocken Vorstellungskraft freien Lauf. Was wird aus den Geistern ihrer Vorfahren, wenn sie ihre Häuser verlassen, fragte sich Großmutter.

Wer kümmert sich um sie? Und die Unglücklichen, die in der Hast ihre Geister spurlos verloren hatten. Stellte man sie in Stacheldrahtgehegen ab? Wurden sie von Soldaten, bewaffnet wie Granaten, aus blutgeäderten Augen bewacht?

An diesen afrikanischen Sonntagen, wenn die Sonne sich leicht gegen Westen neigte, wurden die Initiationsfeiern, die Totenzeremonien, die Geisterrunden gefeiert. Christen-Animisten, Buddhisten-Animisten, Animisten-Muslime, Männer, Frauen, Kinder mit den Farben ihres Stammes bemalt, überfluteten Wälder, Savannen, Meere oder Wüsten, und wer in der Stadt lebte, verwandelte die Gässchen in große magische Felder, sodass die Funktionen der Menschen und die der Götter miteinander verschmolzen, um der Welt Sinn zu verleihen.

Wie oft habe ich solchen Szenen beigewohnt? Hunderte oder tausend Male? Sie haben sich in mich eingebrannt: Die Augenblicke, in denen sich dieses verbannte, degradierte, verspottete, kannibalisierte, versklavte Afrika innerhalb weniger Stunden, innerhalb weniger Tage auf sich selbst besinnen kann, mitreißend, extrem in seinen Freuden-, in seinen Hass- oder Trauerkundgebungen. Diese Momente, in denen die Armen ihr Elend abwerfen; die Vermögen der Reichen in Myriaden Illusionen explodieren und die Gelähmten ihre Schönheit zur Schau stellen.

WESTLICHE INTELLEKTUELLE sprechen von den Widersprüchen Afrikas. Sie sind fassungslos, trotz der wissenschaftlichen Erkenntnisse, die sie uns eintrichtern: nämlich dass unsere Traditionen uns einschlössen wie ein ewiger Kerker. Dabei setzen sie unseren Animismus mit Wildheit und primitiven Kulturen gleich – und vergessen, dass alle Religion animistisch ist und unsere Kultur universalistisch. In unseren Wäldern und in unseren Savannen, in unseren Bergen und in unseren Ebenen rettet uns jeder Baum, jede Pflanze, jede Liane davor, zu vergessen, was war, und erinnert uns an die Bande zwischen dem Menschen, dem Geist und der Natur. Dieser Einklang zwischen jedem Element des Lebens erklärt die Vitalität unserer Ahnenrituale.

Großmutter ist eines Morgens in der rotglühenden Sonne in das Land der Geister gegangen. Es ist für mich Zeit, zu meinem Vater zurückzukehren, sagte sie einfach zu uns. Sie entfernte sich Schritt für Schritt, verschwand dann im Busch. Niemand weinte: Sie hatte ihre Aufgabe erfüllt.

Auch ich ging mit meinen Geistern im Koffer – in die Fremde, den materiellen Wohlstand zu erobern. Ich kehre oft nach Hause zurück, vom Westen durchdrungen, doch meine Fußsohlen haben den Staub Afrikas nicht abgeschüttelt. Komme ich heim, besuche ich immer eine meiner Schwestern, die Hebamme, Gynäkologin, Kardiologin, Urologin in einem kleinen Ambulatorium im Busch ist. Sie verkörpert für mich jenes Afrika, das man im Westen als widersprüchlich bezeichnet: Sie heiratete, nach über zwanzig Jahren traditioneller Ehe, in Weiß in der katholisch-apostolischen Kirche; und dies mit ihrem achten Kind im neunten Monat schwanger. Das ist es, was wir sind, ohne den Schatten eines Widerspruchs darin zu sehen. Unsere Füße stecken in den uralten Zeiten, unser Kopf steckt im dritten Jahrtausend.

WENN ICH DAS FLUGZEUG VERLASSE, laufe ich zum Taxistand, wo Dutzende von Buschtaxis mit den verrücktesten Namen die betäubten Kunden locken. „100 pro Stunde". Oder „Boeing von Conakry". Oder „Das Leben ist egal". Ich bezahle und überlege, was, zum Teufel, die Taxifahrer hinter ihren Ray-Ban-Brillen made in Hongkong verstecken? Die Leute mustern mich misstrauisch, mich, so neu und so geglättet, so fremd aussehend. Ich kenne das Land, aber ich bin immer noch betäubt von all diesen Männern, diesen Frauen, diesen Hunden, diesen in Körben gackernden Hühnern, diesen meckernden Ziegen, diesen Kleinbussen, die mit Kohlesäcken, mit Bananen, mit Häuten, mit den unwahrscheinlichsten Waren beladen sind. Im Dreck und im Staub, im Qualm von Gegrilltem, Rindsinnereien, Spießchen: Rufe, Gezeter, Flüche. Ich bin glücklich in diesem Afrika. Es verwirrt mich, berauscht mich, zersetzt mich und verschlingt mein kontemplatives Wesen.

Ich weiß bereits, dass ich am Abend an einem der Gräber meiner Vorfahren sitzen werde, von meinen Cousins umringt, meinen Brüdern, meinen Schwestern, eine barmherzige Kühle atmend, die eine vom Meer wehende Brise über das Land ausgießen wird. Sie werden mich mit Fragen bedrängen und darauf warten, dass ich ihnen von Paris erzähle, und meine Worte werden blaue Funken in ihren Augen aufflackern lassen. Dann werden sie erzählen. Ich werde in der Leere der sternenlosen Nacht erschauern, wenn sie mir von der Herrlichkeit der Frau erzählen, die eine Schlange gebiert; oder von dem Mann, der sich in einen Leoparden verwandelt.

Calixthe Beyala
wurde 1961 in Kamerun geboren und durchlebte eine elternlose Kindheit in extremer Armut, beschützt nur von einer vier Jahre älteren Schwester. Über Stationen in Südspanien und auf Korsika kam sie später nach Paris, wo sie bis heute lebt. 1987 erschien in Frankreich ihre erste Novelle, 1996 erhielt sie für ihr Buch »Les honneurs perdus« (Die verlorenen Ehren) den Prix du roman der Accadémie Française. In Deutschland sind von Calixthe Beyala bislang drei Bücher erschienen, zuletzt 1999 »Nahes, fernes Afrika«. Ihren Beitrag für das vorliegende Buch hat **Giovanna Waeckerlin-Induni** ins Deutsche übersetzt.

WEST AFRIKA

Von den Salzkarawanen der Ténéré bis zu den heiligen Wäldern am Golf von Guinea

NIGER 1990.
Bei Sonnenuntergang treibt ein Ziegenhirte seine Tieren zum Lehmbau der Moschee von Agadez – es ist Zeit für ihn zum Abendgebet. Das Minarett aus dem 15. Jahrhundert ist das höchste Bauwerk der Wüste, und Agadez, zu deutsch »Begegnung«, ist deren urbanes Herz: das Tor zur südlichen Sahara

NIGER 1990.
Die Tuareg verhüllen Kopf und Gesicht mit Tüchern zum Schutz gegen Wind und Staub im Gebirgsmassiv Aïr, ihrem heutigen Rückzugsgebiet. Das Textil ist indigoblau gefärbt mit dem ältesten pflanzlichen Farbstoff der Menschheitsgeschichte, der aus dem ursprünglich aus Indien stammenden Indigostrauch gewonnen wird. Das Derivat hinterlässt auch Farbspuren auf der Haut, ein Nebeneffekt, der den Tuareg den Beinamen »blaue Männer« eintrug

NIGER 1993.
Vorüber an mächtigen Sanddünen zieht eine Karawane über den alten Kameltreck von Agadez zu den Ténéré-Oasen Fachi und Bilma. Den dortigen Wüsten-Salinen bringen die Dromedare Tierfutter im Tausch gegen Salz. Sie tragen Wasser und Proviant für eine Reise, die bei einer täglichen Marschzeit von zehn Stunden 45 Tage dauert.
Die Ziegen sind frei laufende Fleischreserven für die Karawanen-Begleiter

NIGER 1993.
Gegenüber dem Taghmert-Massiv hält ein Tuareg-Wachtposten der FLN in der Sandwüste Ténéré, dem »Land da draußen«, Ausschau nach Feindbewegungen. Die »Front de Libération de Tamoust« ist die Splittergruppe einer Rebellenorganisation, die gegen die nigrische Regierung für eine »Republik Tuareg« kämpft. Tuareg ist arabisch für »Gottlose«; sie selber nennen sich Tamashegh – »Edle und Freie«: ein loser Verbund von Berber-Gruppen, die ihre Unabhängigkeit verteidigen

NIGER 1996.
Für einen Wüstensohn ist ein Wadi unter freiem Himmel die Schule, und der Lehrer ist sein Vater. Der unterweist den kleinen Targi im uralten Elementarwissen des Nomadentums: Wie man sparsam mit Trinkwasser umgeht, wie man ein Dromedar sattelt und wie man das »Schiff der Wüste« nach den Sternen, dem Wind und den Spuren im Sand navigiert

NIGER 1996.
Tuareg-Frauen haben sich für ein Tanzfest geschmückt. Obwohl das Nomadenvolk zum patriarchalischen Islam bekehrt wurde, gehorchen die Clans dem althergebrachten Mutterrecht. Die Frauen sind selbstbewusst, nicht verschleiert und frei bei der Wahl ihres Ehegatten

NIGER 1993.
Zu hohen Festen schlagen die Tuareg-Frauen das Tendé, einen mit Fell überspannten Mörser. Dazu singen sie Balladen über Ruhm und Ehre ihrer Männer. Die Krieger umkreisen unterdessen die Frauengruppe auf ihren schönsten Kamelen

NIGER 1996.
Weizenernte in der Tuareg-Oase Tidéne, wo Bewässerungskanäle das Quellwasser auf die Felder leiten. Die Männer dreschen mit Knüppeln das Korn aus den Ähren, der Wüstenwind scheidet die Spreu

NIGER 1996.
Ein Sandsturm überrascht die Tänzer beim Gerewol, dem alljährlichen Herbst-Fest der Wodaabe, eines fulbischen Nomadenvolks. Höhepunkt der Tanzveranstaltungen ist die Brautschau der jungen Männer, die sich schminken und schmücken, um den heiratsfähigen Mädchen zu imponieren. Schönheitsideale sind blitzende Zähne, weiße Augäpfel, eine graziöse Figur und eine möglichst helle Haut. Die Wodaabe haben im Gegensatz zu den Tuareg keine kriegerische Tradition. Ihr Name bedeutet »die unter dem Tabu der Reinheit leben«, denn sie halten sich für Allahs schönste Geschöpfe

NIGER 1993.
Aufmarsch der Tuareg-Rebellen im Aïr. Das Gebirgsmassiv im Nordwesten Nigers beanspruchen und verteidigen die Nomaden als ihr autonomes Gebiet. Die Freiheitsbewegung formierte sich 1990 nach einem Massaker des nigrischen Militärs, dem rund 1000 Tuareg zum Opfer fielen. Die Wüstenbewohner hatten zuvor gegen Hungersnot und Regierungskorruption protestiert

NIGER 1993.
Tuareg-Krieger amüsieren sich mit einer jungen Gazelle, die sie in den Bergen gefangen haben

NIGER 1993.
Die Waffen der FLT-Kämpfer stammen meist aus Libyen, wo Tuareg-Führer auch für ihren Guerilla-Krieg gegen die nigrische Regierung ausgebildet wurden

NIGER 1993.
Auf dem Gebirgskamm des Bogroum nahe der algerischen Grenze begegnet Pascal Maitre einem charismatischen Rebellenführer. Dank dessen Umsicht und Geländekenntnis entgeht der Fotograf einem Anschlag des nigrischen Militärs auf eine Straße, die ursprünglich auf seiner Route lag

NIGERIA 1988. Hirten vom Volk der Fulbe treiben ihre Rinder über eine Trasse, die für einen Schienenstrang zum Stahlwerk Ajaokuta am unteren Nigerstrom gelegt wird. Auf planiertem Boden läuft es sich für Mensch und Vieh angenehmer als durch den Busch

NIGERIA 1999.
»Go slow« ist der sprichwörtliche Normalzustand für das fortwährende Verkehrschaos in Lagos, besonders im Stadtteil Oshodi in Flughafennähe. Die Zehnmillionen-Metropolis, bis 1991 Nigerias Hauptstadt, wird nach Schätzungen von UN-Experten bis zum Jahr 2024 auf 24 Millionen Einwohner wachsen

DARAVIT
HART

NIGERIA 1988.
Ein Priester tauft eine junge Frau im Sand von Bar Beach. Der Strand an der Atlantikküste von Victoria Island, dem Diplomatenviertel von Lagos, ist für rituelle Handlungen ähnlich beliebt wie die Copacabana in Rio

NIGERIA 1988.
In der Umgebung von Ajaokuta haben sich Stahlwerk-Arbeiter mit ihren Familien niedergelassen und eine Retortenstadt für eine halbe Million Einwohner gebaut. Jobs gibt es kaum noch, denn das unrentable Werk produziert weit unter seiner Kapazität

NIGERIA 1999.
In dem Lehmpalast residiert der Emir von Daura, das Oberhaupt des gleichnamigen Haussa-Reiches im Norden Nigerias. Das alte Händlervolk der Haussa galt als Mittler zwischen dem arabischen Nordafrika und Schwarzafrika südlich der Sahara

NIGERIA 1999.
Eine Messe der »Synkretistischen Kirche des Cherubim« in Port Harcourt. Viele Nigerianer nehmen Zuflucht zu überall im Land neu entstehenden Heilskirchen, die den Gläubigen helfen, ihre täglichen Probleme zu vergessen

NIGERIA 1999.
Warten auf eine Audienz beim mächtigen Emir von Kano im Haussa-Palast. Kano in Nord-Nigeria liegt an einem Kreuzweg der alten Transsahara-Karawanenrouten und war einst der bedeutendste Handelsplatz Westafrikas

MALI 1999.
Eine Gruppe vom Volk der Fulbe kampiert gegenüber »Fatimas Hand«. Die bizarre Sandsteinformation zwischen Gao und Mopti in der Hombori-Region des südlichen Mali gilt als eine der schönsten Landschaften Afrikas

MALI 1999.
Abendgebet in Guidjo, einem Dorf am malischen Ufer des Niger. Vor allem im islamischen Fastenmonat Ramadan hat die rosafarbene Moschee großen Zulauf. Die aus luftgetrockneten Ziegeln bestehende Architektur der Region trägt stolz den Titel »Lehmgotik der Bambara«, benannt nach der größten Volksgruppe Malis

BENIN 1997.
Auf einer Straße in der Hauptstadt Porto Novo trocknet der Maler Romuald Hazoumé seine Gemälde, die inspiriert sind von der in Benin heimischen Voodoo-Kultur. In seine Farben mischt der Künstler bunten Staub aus verschiedenen Regionen Afrikas sowie Kuhdung zur Konservierung. Sich gegenseitig die Haare von Parasiten zu befreien, wie die Frauen auf der Bank, ist in Afrika sozialer Dienst am Nächsten

NIGERIA 1996.
Tänzer vom Volk der Tiv im ostnigerianischen Gboko beim Kwaghir: In Puppenkostüme gekleidete Darsteller führen Szenen aus dem dörflichen Alltag auf, meist mit drastischem Humor gewürzt und von Legenden und Sagen unterfüttert

BENIN 1999.
Die Burgen des Somba-Volks in der Region Bokombé sind nicht nur menschliche Behausungen, sondern nachts auch Ställe für das Vieh. Auf den Turmplattformen werden Früchte und Nüsse getrocknet. Die bäuerlichen Savannenbewohner bezeichnen sich selber als Tamberma: »große Hausbauer«. Ihre Tata genannten Lehmbauten verputzen sie außen mit verflüssigtem Kuhdung, was die Haltbarkeit der Mauern erhöht

BENIN 1997.
Auf dem großen Voodoo-Fest in Adjara tanzen die Frauen viele Stunden bis zur Trance. Benin ist die Urheimat des afrikanischen Voodoo-Kults aus Zauber, Magie und Wunderheilkunst

BENIN 1999.
In der Stadt Sakété kehren symbolisch alle drei Jahre die Toten zurück: In Gestalt von Geistern tanzen sie 19 Tage lang durch die Straßen und lassen keinen Winkel aus

CÔTE D'IVOIRE 1999.
Einheimische Schönheiten auf der »Africanova«: Die erste internationale Messe der Haarstylisten fand im Hotel Ivoire in der Hafenstadt Abidjan statt

GHANA 1999.
Auf der Begräbnisfeier für den verstorbenen Ashanti-König Asantehene Otumfuo Opoku Ware II. in Kumasi vertritt eine weiße Gesichtsmaske die früheren Kolonialherren. Schüsse aus dem Gewehr sollen die bösen Geister vertreiben und zugleich die furchterregende Macht des Königs demonstrieren, die über seinen Tod hinaus wirksam bleibt

GHANA 1999.
In schwarzer Trauerkleidung erscheinen alle Clanchefs der Ashanti zur Begräbniszeremonie ihres verstorbenen Königs. Die Totenfeier in Kumasi, dem Zentrum des Ashanti-Landes, dauert vier Tage

BURKINA FASO 1991.
Ein Bauer begießt seine Gemüsebeete inmitten der Sahel-Savanne. Der Zaun aus Gestrüpp ringsum soll die kleine Pflanzung vor gefräßigen Tieren und dem trockenen Nordostwind Harmattan schützen

BURKINA FASO 1993.
Im Dorf Boni im Westen des Landes begibt sich der Träger einer Eulenmaske zu einem Begräbnis. Bei den Bobo, einem Volk von Hirsebauern, gilt die Eule als Wesen, das über den Tod hinaus bis ins Jenseits blicken kann. Auch die Eulenmaske selbst wird als übernatürlich angesehen: Wird sie von ihrem Träger vernachlässigt, muss er noch im selben Jahr auf grausame Weise sterben

BURKINA FASO 1991.
Bauern in der Region Diori reiten auf ihren Eseln hinaus zu den Feldern. Es ist Winter im Sahel, eine Jahreszeit, in der stetig der staubbeladene Harmattan – »Dunstwind« – aus der Sahara herüberweht und den ohnehin schon halbwüsten Landstrich mit seiner sandigen Fracht überdeckt

BURKINA FASO 1991.
Tankstelle an einer Landstraße nach Dioulasso, der zweitgrößten Stadt des Landes. Hier im Süden ist die Vegetation üppiger als im nördlichen Sahel, wo im Jahresdurchschnitt dreimal weniger Regen fällt

BURKINA FASO 1993. Einmal im Jahr erscheint den Bauern vom Volk der Bwa ihr Schöpfer Weni in einer Blättermaske, um in allen Bwa-Dörfern in einer Art exorzistischem Tanz die bösen Geister auszutreiben. Die Maske besteht aus einem konisch geformten Naturfasergewebe, das mit grünen Blättern gespickt und von weißen Federn gekrönt ist

SENEGAL 1992.
Jünglinge der Bassari bei ihrem Initiationsritual in einem geheiligten Waldstück. Sie tragen Grasröcke, Pfeil und Bogen unter dem Arm und Stöcke als zeremoniale Schwerter in der Hand. Die gebeugten Häupter sollen kindliche Schwäche demonstrieren. Nach der Erhebung zum Mann beginnt für die Bassari ein völlig neues Leben

SENEGAL 1992.
Der zur Initiation bestimmte Junge entnimmt einem geschlachteten Huhn die Innereien. An deren Zustand kann sein künftiges Schicksal abgelesen werden. Der nächste Blutsverwandte steckt dem Initianten Geldnoten als Glücksbringer ins Haar (gegenüber links). Besorgt beobachten Mütter, wie sich ihre Söhne auf den Kampf mit dem Träger der Lokouta-Maske vorbereiten. Sie dürfen nur während dieser Phase der Zeremonie anwesend sein, denn die Geheimnisse des Mannbarkeitsrituals müssen vor Frauen geheim gehalten werden (oben und gegenüber unten rechts). Eine Lokouta-Maske und ein Initiant kämpfen gegeneinander. Durch einen harten Schlag zu Boden gestreckt und besiegt, ist der Jüngling nun am Beginn des Erwachsenseins (links oben und unten)

SENEGAL 1992. Drei Bassari-Initianten eilen mit ihren Jagdwaffen zu dem heiligen Wald, wo sie spezielle Unterweisung für ihre Aufnahme in den Mannesstand erhalten. Dazu gehören auch schmerzhafte Züchtigungen, die den Kandidaten abhärten und dessen Selbstbeherrschung fördern sollen

SENEGAL 1992.
Im Bassari-Dorf Mako formieren sich die Lokouta-Masken, um die zur Initiation bestimmten Jünglinge des diesjährigen Jahrgangs mit rituellen Stockschlägen endgültig in den Erwachsenenstand zu erheben. Die Masken aus dem Bast der Raphiapalme stellen die Sonne dar; ihre Träger verkörpern die guten Geister, die in den nahe gelegenen Höhlen wohnen

ZENTRAL AFRIKA

Die grüne Lunge des Kontinents

KAMERUN 1989.
Aus den Kapsiki-Bergen im Norden des Landes ragen die Basaltpfropfen einstiger Vulkane, deren Mäntel von der Erosion abgetragen wurden. Für den französischen Dichter André Gide ist es die schönste Landschaft in ganz Afrika. Hierher flüchteten sich Gruppen des Volks der Kirdi, der »Heiden«, wie die Muslime sie nennen. Sie werden seit Jahrhunderten von den Kriegern der früh islamisierten Fulbe verfolgt

KAMERUN 1989.
Bei Niedrigwasser bauen die Fischer im atlantischen Mündungsgebiet des Bénoué-Flusses ihre zu Reusen gespannten Netze auf Inseln auf. Bei steigendem Pegel und stromaufwärts drängendem Wasser verfängt sich die Beute in den Maschen

G-015-89-PP

KAMERUN 1989.
In der Chefferie Bafoussam im Nordwesten wird das Mannbarkeitsfest der Bamileke, einer Untergruppe des Tikar-Volks, mit furchterregendem Tamtam gefeiert. Die Männer dieses lokalen Königtums bemalen sich mit Teer und Methylenblau und erschrecken Passanten durch ohrenbetäubendes Geheul

KAMERUN 1989.
Die zur Mannbarkeit initiierten jungen Männer der Bamileke werden in weißer Porzellanerde mit dem Fellmuster des Leoparden bemalt: fast überall in Afrika ein Symbol der Stärke und oft auch der Häuptlingswürde

KAMERUN 1988/89. Bei den Fali in Ngoutchoumi hält sich seit Jahrhunderten ein besonderes Totenritual. Eine verstorbene Frau wird, ähnlich einer ägyptischen Mumie, in Stoffstreifen gewickelt und durch die Pflanzungen getragen – ein posthumes »Lebewohl« für alle Plätze, an denen sie einst weilte. In ihrer Hütte erhält die Tote in sitzender Haltung ein letztes Trankopfer der Familie. Dann wird der Leichnam in einem tiefen Loch begraben, und die Seele kehrt zurück »in den Bauch der Erde«

KAMERUN 1983.
Tanzend und mit über den Köpfen geschwungenen Sicheln feiern Kirdi-Frauen im Dorf Oudjila das Ende der Hirsemahd. Das Erntedankfest des alten Bauernvolks bedeutet zugleich Bitte um Fruchtbarkeit und reichen Erntesegen im nächsten Jahr

KAMERUN 1995.
Bedeckt mit rotem Schlamm aus Lateriterde, verharren die Frauen täglich zwei Stunden nackt im Freien – eine traditionelle Therapie zur Austreibung böser Geister. Die Behandlung wird unterstützt durch das Halten speziell verknoteter Pflanzen. Der berühmte Geistheiler Tadoh Fomantum in Bamenda, dem Zentrum der Nordwestregion, schwört auf diese Kur

KAMERUN 1995.
Gefesselt an ein Holzgerüst inmitten eines Kreises aus brennenden Holzstücken, wartet eine Patientin, deren Seele verhext wurde, auf die Austreibung der bösen Mächte. Aus dem Erdloch zu Füßen des Geistheilers Tadoh Fomantum stammt der rote Schlamm auf den Körpern der sitzenden Frauen. Wenn sie mit ihrem Latein am Ende sind, schicken sogar westliche Schulmediziner Patienten zu Tadohs Klinik

ÄQUATORIAL-GUINEA 1988.
Im Totenkult der Fang bei Mongomo im Nordosten spielen weiße Masken eine wichtige Rolle. Als sie die ersten Europäer sahen, glaubten die Fang, ihre Ahnen seien in Gestalt weißer Männer wiedergekehrt

ÄQUATORIAL-GUINEA 1988.
Schleier und Rüschenkleider zur Erstkommunion der Mädchen in Bata sind der Stolz der Eltern, die bunten Sonnenbrillen hingegen der letzte Schrei für die Zehnjährigen

KONGO (RDC) 1985.
Die ausdrucksvoll bemalten Mbudje-Tänzer des Luba-Volks treten zu allen wichtigen Zeremonien auf: zu Geburtsfesten, Initiationsriten, Begräbnisfeiern. Die Luba leben in Shaba, der südlichsten Provinz des früheren Zaïre, das seit 1999 »Demokratische Republik Kongo« (RDC) heißt

ZENTRALAFRIKA 1983.
Den Lobaye flussaufwärts fahren die Boots-Passagiere: hinein in das Land der Pygmäen, den Regenwald. Für die Flussbewohner sind die schwimmenden »Dschungeltaxis« das einzige Verkehrsmittel

KONGO (RDC) 1995.
In tollkühner Akrobatik lassen die Fischer vom Volk der Wagenia ihre riesigen Reusen zu Wasser. Das Holzgerüst, an dem die Fanggeräte befestigt werden, steht in den Kongo-Wasserfällen von Boyoma nahe Kisangani

KONGO (RDC) 1995.
Angehörige der Hutu-Elite feiern eine pompöse Hochzeit vor einer Kulisse des Elends im Flüchtlingslager Mugunga am Kivu-See. Im Nachbarland Ruanda hatten die von Hutu am Brudervolk der Tutsi verübten Massaker 1994 einen Bürgerkrieg ausgelöst, vor dem fast eine Million Menschen in das damalige Zaïre flohen

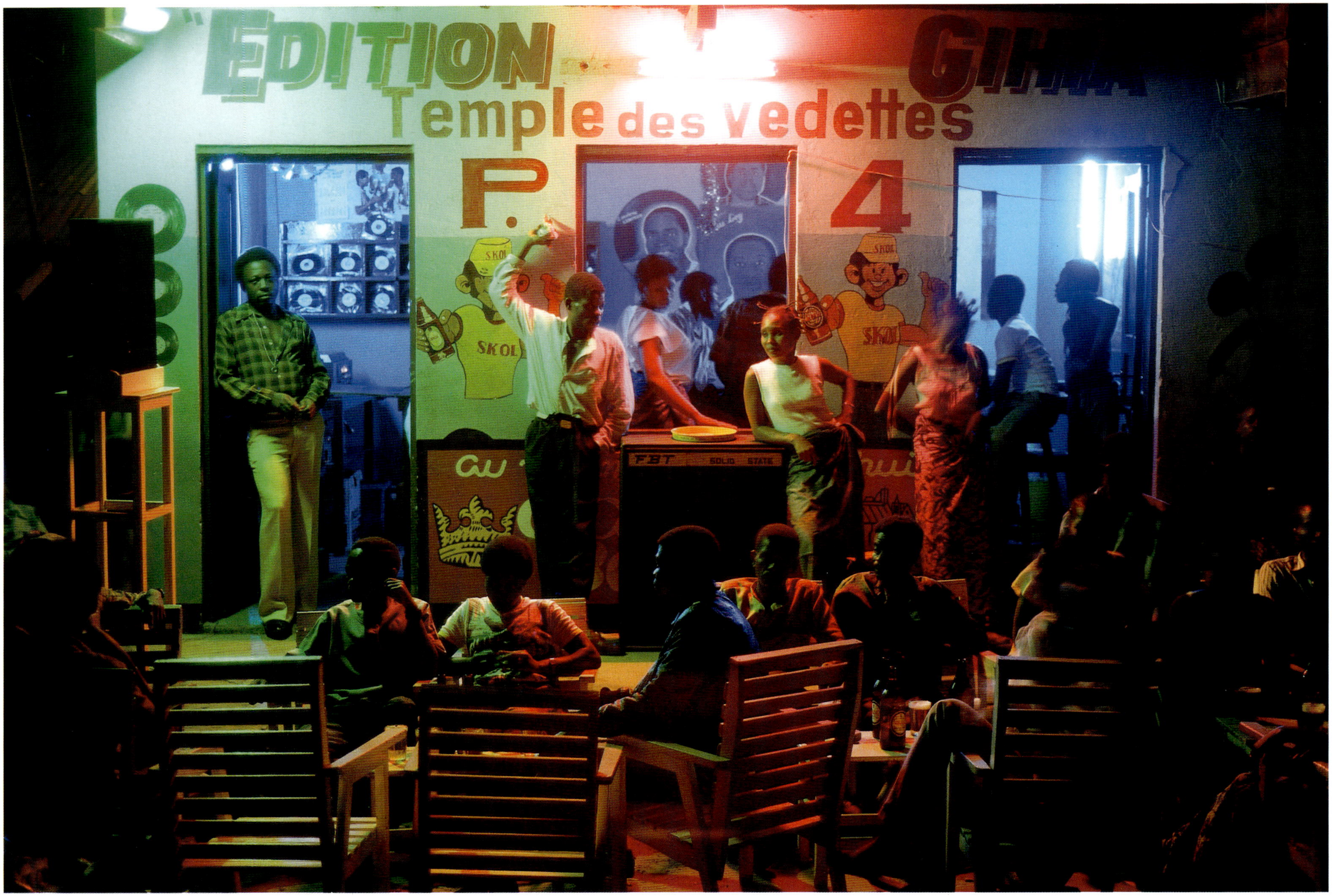

KONGO (RDC) 1986.
Wenn es Nacht wird in Kikwit in der Provinz Bandundu, dröhnen afro-karibische Rhythmen aus den Megaboxen der Bars und Nachtclubs. Musik steht im Mittelpunkt des Lebens am Kongo, der Herkunft vieler großer Musikanten Zentralafrikas

KONGO (RDC) 1986.
Vor einer Tankstelle wartet eine Mutter mit ihrem kranken Kind auf den Bus zum Hospital von Kikwit. Der Ruf der Stadt hat schwer gelitten, gilt sie doch als Ursprungsort des tödlichen Ebola-Virus

KONGO (RDC) 1986.
Bei den Bapende in der Provinz Bandundu bereiten Zauberer die Aussendung von Fluch und Unglück vor, von betuchten Klienten gegen Dritte in Auftrag gegeben. Früher besorgten Insekten den Transport der Verwünschungen. Doch seit kongolesische Zielpersonen auch in Übersee wohnen, muss ein Papierflugzeug den symbolischen Transfer übernehmen

KONGO (RDC) 1986.
In den Straßen von Kikwit versucht sich ein Lastwagenfahrer mithilfe seiner furchterregenden Maske Vorfahrt zu verschaffen

KONGO (RDC) 1986.
Ein Medizinmann der Bapende mit seinem Sohn vor seinem »Laboratorium« in Kikwit. Während er Patienten behandelt, tauscht er seine verspiegelte Sonnenbrille gegen die althergebrachte Maske des Fetischeurs. Die Wunderheiler in Bandundu sind weithin bekannt und immer gefragt, wenn westliche Schulmedizin versagt

KONGO (RDC) 1986. In Kinshasas Stadtviertel Matonga lebt der Ringer Samson, der sich mit Gewichtheben fit hält. Seit hier 1974 Muhammad Ali den Titelkampf um die Boxweltmeisterschaft gegen George Foreman gewann, sind in der kongolesischen Hauptstadt außer Fußball auch Ringen und Boxen sehr populär

TSCHAD 1987.
Zu Tränen gerührt sind die Gouranes-Frauen, Angehörige eines nördlichen Wüstenvolks, bei der feierlichen Wiedereinnahme der Stadt Faya-Largeau, aus der die kriegerischen Nomaden eine libysche Garnison verjagt haben

TSCHAD 1987.
Nahe seines von einer Mine gesprengten Panzers ereilte der Tod auch dessen libyschen Kommandanten. Im Konflikt um die umstrittene Grenzzone Aozou zwischen dem Tschad und Libyen kommt es immer wieder zu Waffengängen in der Wüste des Tibesti

BURUNDI 1997.
Ein junges Tutsi-Mädchen kümmert sich um ein Hutu-Kleinkind, das es in einem Tuch auf dem Rücken trägt. Im »Shalom House« wird Waisenkindern, Opfern des Völkermords der Hutu an den Tutsi im Nachbarland Ruanda, das friedliche Zusammenleben als moralisches Gebot beigebracht. Es wird vorgelebt von der Tutsi-Frau Maggy, der als »Heilige« verehrten Leiterin des Waisenhauses

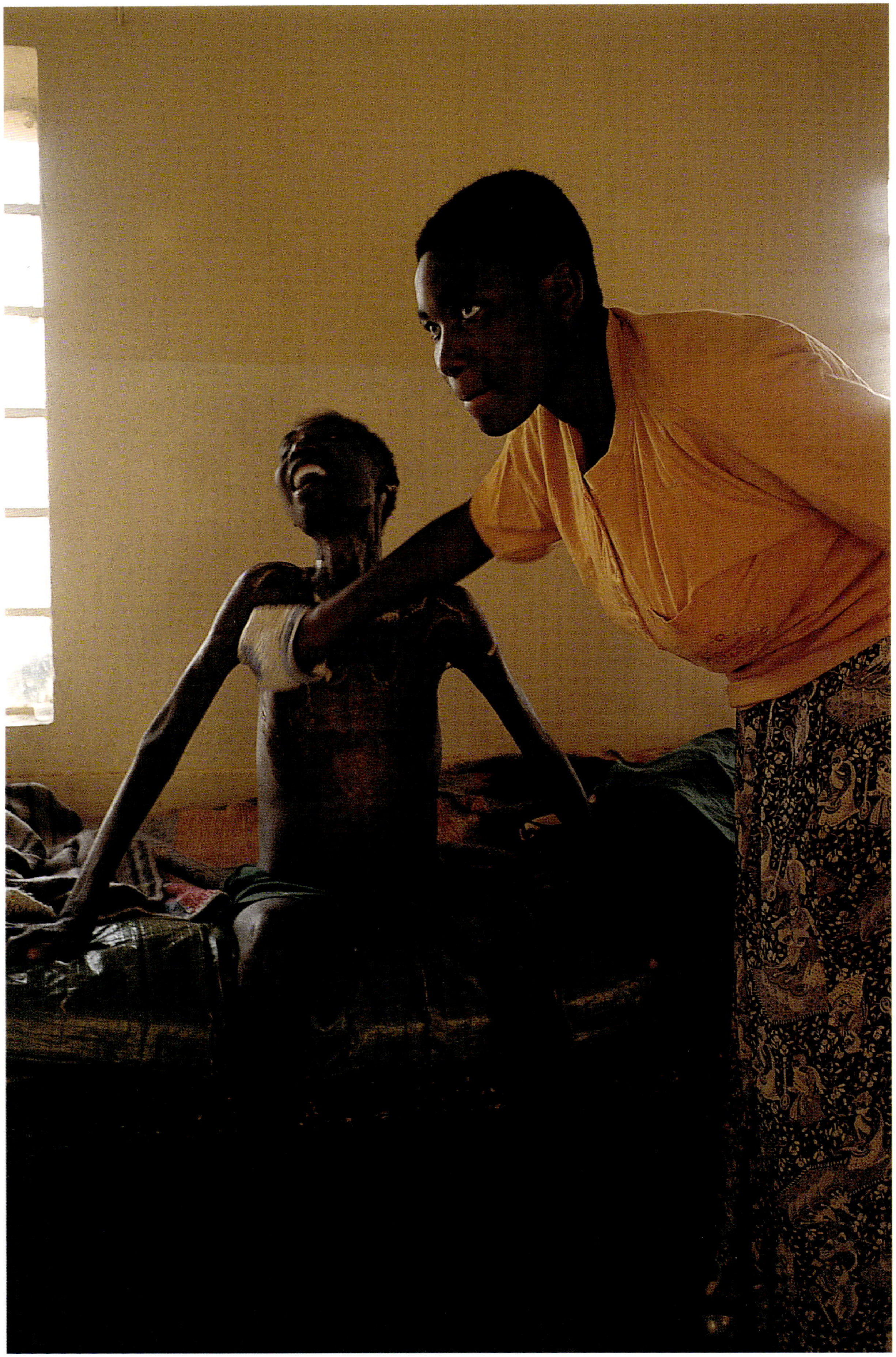

BURUNDI 1997.
Ältere Waisenkinder des »Shalom House« kümmern sich um gebrechliche und sterbende Hutu-Häftlinge im Zentralgefängnis. Das überwiegend den Tutsi angehörende Wach- und Medizinpersonal verweigert Samariterdienst am Feindesvolk. So schleichen sich an Sonntagen Maggy und ihre Schützlinge in die Zellen, um deren Insassen zu füttern und zu waschen

RUANDA 1990.
Die Leopardenfelle an den Hüften weisen sie als ehemalige Tutsi-Elitekrieger aus, heute treten die »Intore« – die »Auserwählten« – nur noch als Tänzer bei feierlichen Anlässen auf. Ihre mächtigen blonden Mähnen sind aus den Fasern der Raphiapalme gefertigt

TANSANIA 1994.
Mehr als 350 000 Hutu aus Ruanda sind mit ihren Herdentieren im Flüchtlingslager Benako zusammengepfercht. Sie zogen viele Tage und Nächte durch die Steppe, um in den Zelten des »Apokalypse Camp« der Vereinten Nationen Schutz zu suchen

RUANDA 1994.
An den Klippen des Wildgewässers Kagera sind Leichen hängen geblieben: nur zwei von Zehntausenden, die während des Massakers zwischen Hutu und Tutsi das Felsufer hinabgestürzt wurden und die Fluten mit Blut färbten. Seither trägt der Kagera den Namen »Roter Fluss«

TANSANIA 1994.
In der Morgenstille trägt ein Vater sein totes Kind zu Grabe. Es ist an Hunger und an der Kälte der Steppennächte im Flüchtlingslager Benako gestorben – ein Schicksal, das sich hier fast täglich wiederholt

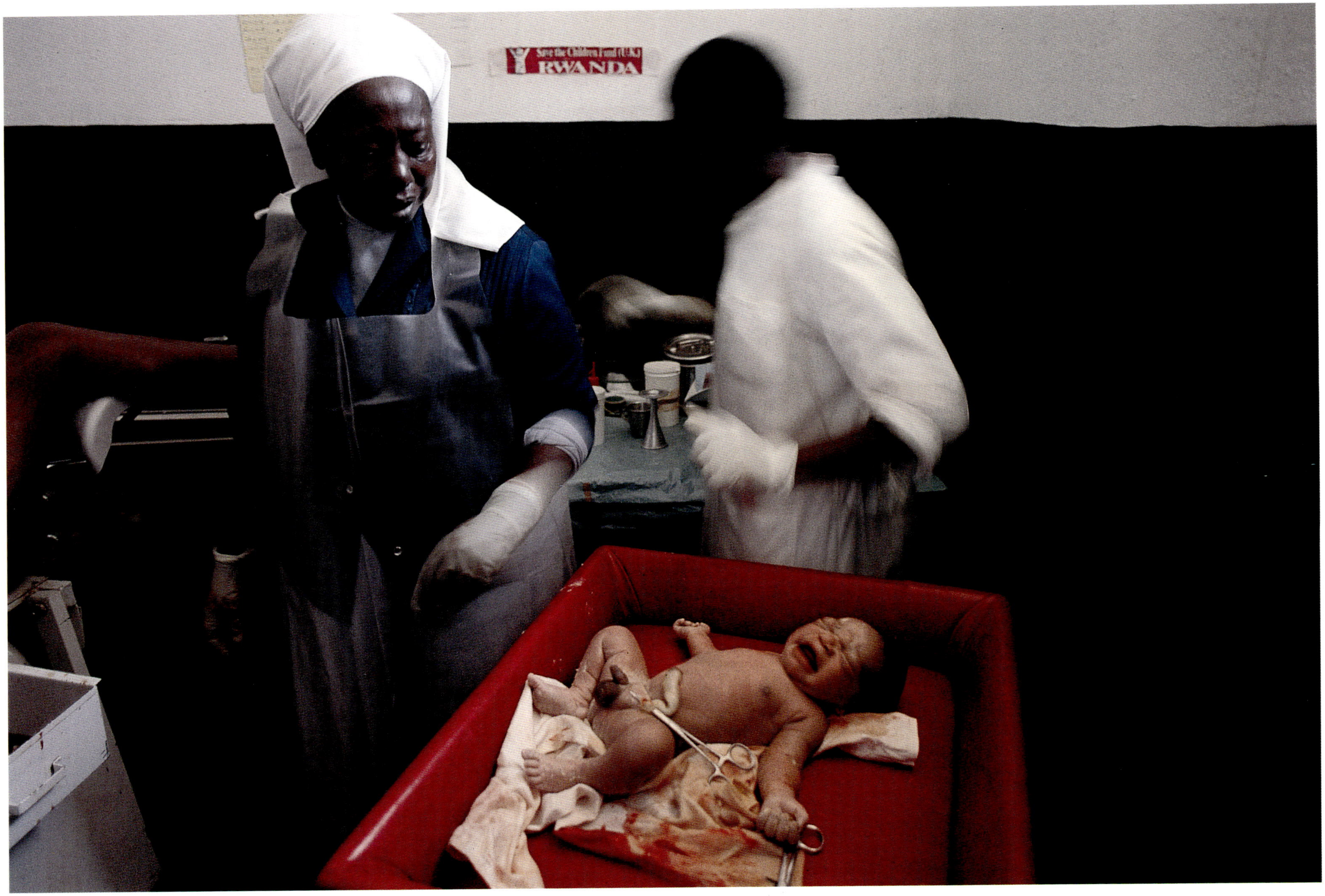

RUANDA 1995.
Inmitten von Bürgerkrieg und Massenmord erblickt in der Buschklinik des Dorfes Rwaza ein kleiner Junge das Licht der Welt – ein Lichtblick auch für die leidgeprüften Geburtshelfer

RUANDA 1995.
Rund 8000 Hutu-Häftlinge werden im Gefängnis der Hauptstadt Kigali gehalten wie Vieh. Die Regierung der »Patriotischen Front von Ruanda« hat sie alle – ob Lehrer, Ärzte, Priester oder Greise – des Völkermordes angeklagt. Die Gerichtsverfahren lassen Jahre auf sich warten

OSTAFRIKA

Kein Garten Eden

TANSANIA 1995.
Die Massai, ein Wanderhirtenvolk seit Urzeiten, sind heute zur Sesshaftigkeit verdammt, weil auf ihren Weidegründen weitflächig Äcker angelegt wurden: ein Agrarprogramm des früheren tansanischen Staatspräsidenten Julius Nyerere. Die einstigen Nomaden ernährten sich vom Blut und von der Milch ihres Herdenviehs. Nun glauben sie, ihr Gott Enkai, der Schöpfer der Erde und der Tiere, habe sie verlassen und sei wohl tot

TANSANIA 1994.
Mehr als 350 000 aus Ruanda geflohene Hutu kampieren unter den Bäumen des grenznahen Dorfes Ngara, wo sie von Hilfsorganisationen Nahrung erhalten. Danach werden die Bürgerkriegsflüchtlinge in das UN-Auffanglager Benako umgesiedelt

TANSANIA 1995.
Eine Autostraße wurde von Muheza zum Seehafen Tanga durch die Palmenhaine am Indischen Ozean gebaut. Doch der erwartete Verkehr auf Rädern blieb aus. So nutzen Fußgänger gefahrlos die neue Asphaltpiste

TANSANIA 1995.
Mit Feuer und Hacke machen Bauern ein Stück Küstenwald in der Nähe von Tanga urbar. Brandrodung ist seit alters in Afrika üblich und oft die Ursache für außer Kontrolle geratene Flächenbrände

KENYA 1993.
Die von Vulkangestein übersäte Wüste westlich des Turkana-Sees ist eine der ödesten und heißesten Regionen Afrikas. Und doch leben hier Menschen: die in kleinen Familienverbänden nomadisierenden Gabbra

KENYA 1993.
Bis zu sechs Gabbra-Männer stehen übereinander und schöpfen mit Ziegenhäuten Trinkwasser aus einem tiefen Wüstenbrunnen. Dabei beklagen sie in Liedern den Verlust ihrer Rinderherden, die in der großen Dürre von 1984 verdursteten. Bewahrt haben sich die Gabbra ihre berüchtigten Kriegsbräuche, etwa Feinden die Genitalien abzuschneiden

UGANDA 1995.
Wenn die Fischer am Viktoria-See in der Morgendämmerung mit ihrem Fang heimkehren, warten am Ufer schon die Marabus auf ihren Anteil. Den größten Binnensee des Kontinents teilen sich Uganda, Kenya und Tansania

UGANDA 1995.
Magala Gombe ist einer von zwei Millionen HIV-positiven Menschen im Land. Er lebt an der berüchtigten »Aids-Route«, der Straßenverbindung von Mombasa in Kenya über Kampala bis nach Bujumbura an der Grenze des Kongo

UGANDA 1995.
Mädchen auf dem Weg zur Schule in Fort Portal: Die großflächigen Bananenblätter halten diesmal als Regenschirme her, sonst dienen sie auch als Tablett oder zum Einwickeln von Speisen

SUDAN 1995.
Ein alter Autoreifen und ein Ziegenfell an der windgepeitschten Wüstenpiste nach Dongola signalisieren zweierlei: Im nahe gelegenen Dorf Goomuk gibt es eine Autowerkstatt – und ein Restaurant

SUDAN 1995.
Brautjungfern der Nuba auf einer Hochzeitsfeier in Omdurman bei Khartum. Viele Angehörige des stolzen Volks, von Leni Riefenstahl zur Weltberühmtheit fotografiert, retten sich vor dem Bürgerkrieg in den Nuba-Bergen in die Nähe der Hauptstadt

SUDAN 1995.
Das goldfarbene Abendkleid des jungen Mädchens ist ein Kleideralmosen einer Hilfsorganisation in Jabal Al Awliya. In diesem Lehmhütten-Camp 40 Kilometer südlich von Khartum wartet eine halbe Million Flüchtlinge auf das Ende des Bürgerkriegs. Er brach 1983 zwischen dem christlichen Süden und dem muslimischen Norden des Landes aus und kostete bisher zwei Millionen Menschen das Leben

SUDAN 1995.
Auch ein Sandsturm kann die fliegenden Händler an der Durchgangsstraße von Omdurman nicht vertreiben. In Khartums Schwesterstadt ließ Lord Kitchener 1898 die Leiche des aufständischen Mahd verbrennen und dessen Asche in den Nil streuen

TOY

SUDAN 1995.

Zwischenstopp für eine Mahlzeit in der Karawanserei von Ad-Dabbah. Beduinen aus dem Süden treiben hier ihre Kamelherden vorüber auf dem Weg nach Ägypten, wo große Schlachthäuser auf die Tiere warten

ÄTHIOPIEN 1998.
Gläubige in der orthodoxen Kirche Debre Berhan Selassie: »Berg des Lichts der Dreieinigkeit«. Das Gotteshaus in der alten Hauptstadt Gonder wurde von Iyasus dem Großen vor 300 Jahren erbaut. Seine Malereien mit den Engelmotiven sind weithin berühmt

ÄTHIOPIEN 1998.
Buna Beït, das öffentliche »Café-Heim«, gibt es überall im Land. Im Vorraum werden, mitunter kostenlos, Speis und Trank gereicht, die hinteren Räume als Schlafstatt vermietet. Manche Hostessen bieten auch Liebesdienste an. Werden sie in Anspruch genommen, schließt das Café vorübergehend die Außentür

ÄTHIOPIEN 1998.
Als lebende Vogelscheuche wacht der junge Mann auf einer Plattform über dem Hirsefeld in der Abessinischen Hochebene. Mit einer Steinschleuder verjagt er Vögel, die es auf die Körner in den fast reifen Fruchtständen abgesehen haben

ÄTHIOPIEN 1998.
»Zerbrochene Brücke« heißt im Volksmund der Viadukt bei Mota, dessen fehlendes Zwischenstück Reisende an einem Zugseil übercueren – für etwa eine Mark Ziehlohn. Die Ziegelkonstruktion stammt aus der italienischen Kolonialzeit und war bis zum Zweiten Weltkrieg, in dem sie zerstört wurde, auf Hunderte Kilometer die einzige feste Überquerung des Blauen Nils

ÄTHIOPIEN 1998.
Ohne seine Kalaschnikow geht der Diakon der orthodoxen Kirche Narga Selassie keinen Schritt, nicht mal, wenn er per Reetboot von seiner Insel Dek im Tana-See zum Festland rudert. Die wertvollen alten Gemälde und Bücher in der Inselkirche ziehen immer wieder Kunsträuber an

ÄTHIOPIEN 1998.
Auf dem Markt am Tana-See beherrschen die weißen Shammas das Bild: weite Baumwollumhänge, die Frauen wie Männer gegen die Kälte des Hochlands schützen. Die Bauern aus dem Umland kommen hierher, um ihre Hirse- und Weizenernte mahlen zu lassen sowie Dinge des täglichen Bedarfs einzukaufen

ERITREA 1992.
Hunderte Male ist Nakfa im Landeswesten von äthiopischen Flugzeugen bombardiert und in Trümmer gelegt worden. In dem früheren Kommandoposten, den die »Eritreische Volksbefreiungsfront« (EPLF) stolz als ihr Verdun rühmt, wurde lediglich die Moschee immer wieder aufgebaut und neuerdings elektrisches Licht gelegt

ERITREA 1992.
In Asmara ist der kulturelle Einfluss der einstigen Kolonialmacht Italien noch immer spürbar, wie in dieser Bar im Zentrum. Anders als die meisten Orte im Land, überstand die Hauptstadt des seit 1993 unabhängigen Eritrea den 30-jährigen Krieg mit Äthiopien weitgehend unzerstört. Die früher hier stationierte äthiopische Besatzung war vom Kriegsende überrascht worden

ERITREA 1992.
Wie auf einem Waffenfriedhof lagern russische Panzer und Geschütze nahe Asmara. Das einst von Moskau an den äthiopischen Sozialisten Mengistu gelieferte Kriegsgerät wurde von den Guerilla-Truppen der Eritreischen Volksbefreiungsfront in vielen Schlachten zerstört. Um die Beweise ihrer militärischen Niederlagen vor den Eritreern zu verheimlichen, versteckten die Äthiopier den Kriegsschrott hinter hohen Erdwällen

ERITREA 1992.
Der Hafen Massawa am Roten Meer fiel 1990 in die Hände der eritreischen Rebellen. Im Gegenzug zerbombte die äthiopische Luftwaffe die Stadt, die bis dahin als »Perle am Horn von Afrika« galt

ERITREA 1992.
Sonntägliche Frühmesse in der teils zerstörten Kirche Santa Maria in Asmara. Die Bevölkerung des Landes besteht je zur Hälfte aus orthodoxen Christen und Muslimen

SÜDLICHES AFRIKA

Umbruch, Aufbruch und Tradition

Namibia 1990.
Himba-Leute bei einer Rast im Städtchen Opuwo. Das Halbnomadenvolk stammt aus dem Kaokoveld. Dort ist es so heiß und trocken, dass die Frauen ihre Haut mit einer Mixtur aus Tierfett und rotem Wüstenstaub gegen Austrocknung schützen

NAMIBIA 1990.
Bis zu 300 Meter hoch sind die Wanderdünen aus rötlichem Lateritsand bei Sossusvlei. Unter dem harten Wind der Namib-Wüste verlagern sie unaufhörlich ihren Standort und begraben Orte und Landschaften unter sich

NAMIBIA 1990.
Für ein kaltes Bier machen die Himba gern einen Abstecher in die Bars von Opuwo. Mit westlichen Sitten haben die Halbnomaden in den siebziger Jahren Bekanntschaft gemacht, als die damalige Mandatsmacht Südafrika im Himba-Gebiet nahe der angolanischen Grenze Garnisonen gegen die Guerilla der Befreiungsorganisation Swapo errichtete

NAMIBIA 1990.
Rot und Schwarz sind die Nationalfarben der Herero, aber Rot ist auch ihre Farbe der Trauer. Sie dominiert die an kolonial-deutscher Siedlersitte orientierte Frauenkleidung jedes Jahr am 25. August, wenn sich rund 2000 Herero in Okahandja versammeln: im Gedenken an den Aufstand ihres Volkes gegen die ehemalige Kolonialmacht im August 1904. Nach der Schlacht am Waterberg verfolgte die deutsche Schutztruppe die fliehenden Herero bis in die Omaheke-Wüste, in der 65 000 Angehörige des tapferen Volkes verdursteten

MOSAMBIK 1989.
Im grenznahen Lager Casa Bana werden einheimische Bürgerkriegsopfer von der Armee des Nachbarlandes Simbabwe vor Übergriffen der »Renamo« beschützt: Die Rebellen der »Nationalen Widerstandsorganisation von Mosambik« sind wegen ihrer Brutalität gegen Zivilisten gefürchtet. Die Lagerinsassen wagen nicht, das Camp zu verlassen und werden aus der Luft mit Lebensmitteln versorgt

MOSAMBIK 1990.
Ein Tropensturm überrascht die jungen Mädchen beim Wasserholen vom Sambesi nahe Benga, wo ein weiteres Schutzcamp für die vom Guerillakrieg bedrohte Zivilbevölkerung eingerichtet worden ist. Die Bastkörbe auf den Emailschüsseln verhindern ein Überschwappen des Wassers

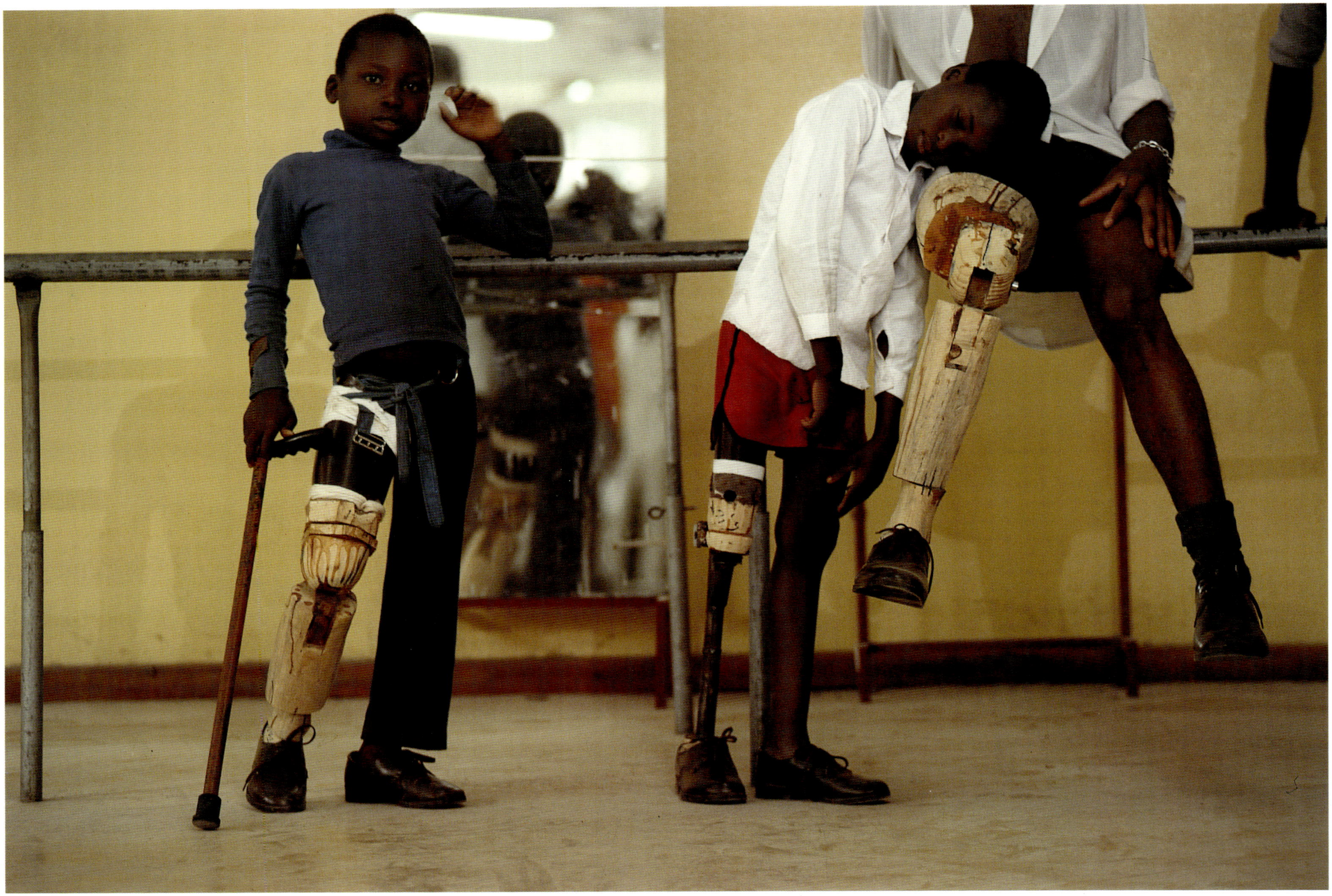

MOSAMBIK 1990.
Meist jugendliche Opfer tückischer Landminen lernen an Krücken und primitiven Beinprothesen wieder zu laufen im Fehabilitationszentrum des Roten Kreuzes in der Hauptstadt Maputo. Der Guerillakrieg hinterließ ein völlig verwüstetes Land und eine brutal gefolterte Bevölkerung. Die Renamo-Rebellen schnitten Menschen Ohren, Nasen, Brüste und Geschlechtsteile ab und schickten mit Drogen vollgepumpte Kinder an die Front

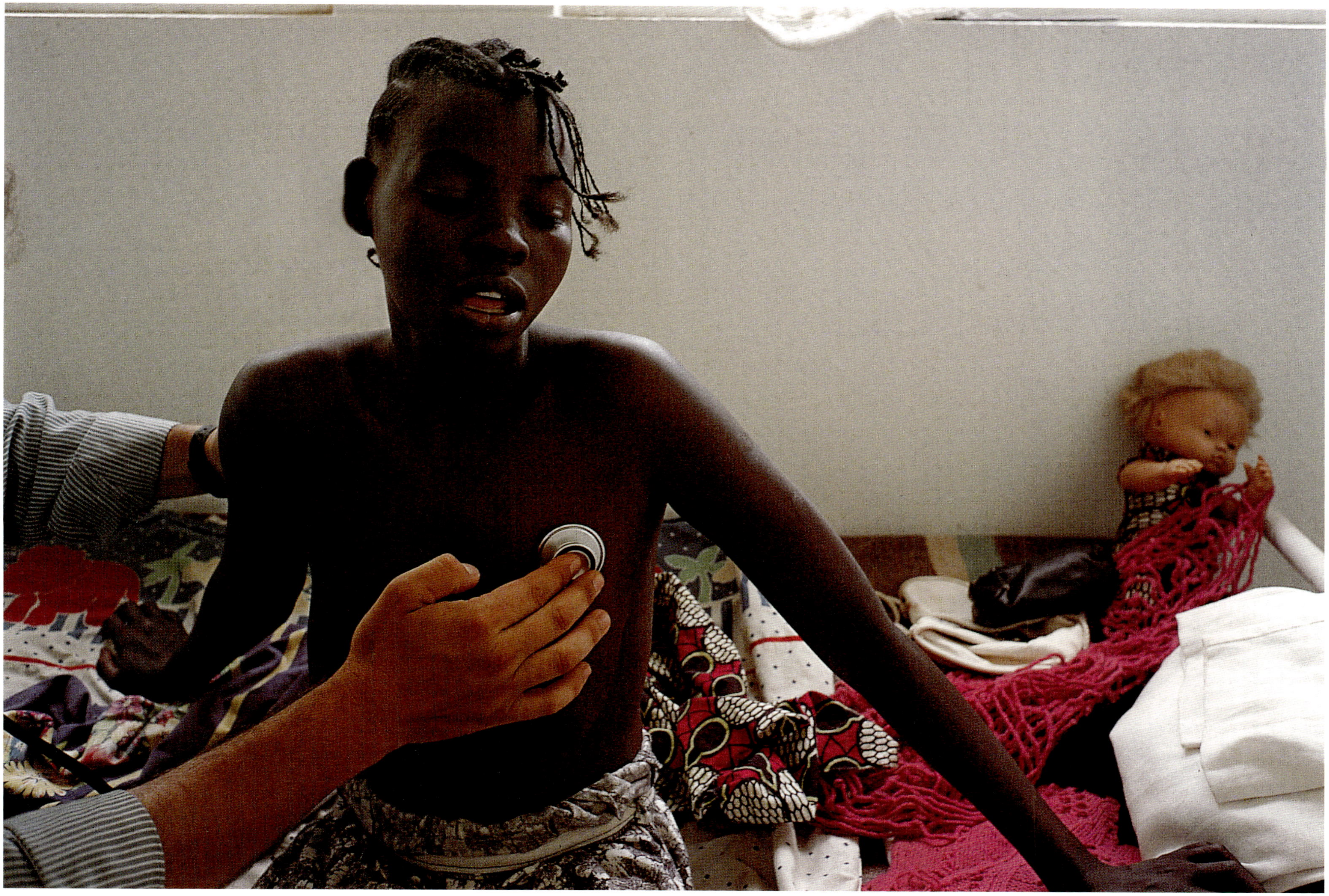

ANGOLA 1998.
In einem Hospital in Menongue untersucht der Arzt einer Hilfsorganisation ein Mädchen auf Tuberkulose. Diese durch Armut und Hunger auftretende Lungenkrankheit breitet sich epidemisch im Land aus. Es wurde ähnlich wie die ebenfalls einst portugiesische Kolonie Mosambik seit seiner Unabhängigkeit von Bürgerkriegen verheert

ANGOLA 1984. Wutentbrannte Anhänger der »Unita« demonstrieren in Mavinga mit Wahlplakaten für die »Nationale Union der totalen Unabhängigkeit Angolas«. Die Rebellenbewegung gegen das moskauhörige System des Landes wurde von Südafrikas Apartheidregime unterstützt – auch durch Waffen und Söldner

ANGOLA 1984.
Ein vermummter Oviangangi, ein »Hexer«, wirbt in Lumbala Kaquengue für die Präsidentschaft von Savimbi. Der Gründer und unumstrittene Führer der Unita ist berühmt-berüchtigt als Einpeitscher der rechten Guerilla

SÜDAFRIKA 1992.
Xhosa-Frauen pflücken auf der bis zum Horizont reichenden Plantage Lusikisiki Teeblätter – für ein Getränk, das sie sich selbst nicht leisten können. In der Transkei, dem Heimatgebiet des Bantu-Volks am Indischen Ozean, herrscht oft feuchtes Klima; gegen die Nässe schützen sich die Pflückerinnen mit Regenumhängen

SÜDAFRIKA 1992.
Ein ambulanter Heiler wartet mit einem Köfferchen voll afrikanischer Naturmedizin auf den Bus. Landarbeiter auf den verstreuten Gehöften im weiten Hügelland der Transkei sind seine Klientel

SÜDAFRIKA 1992.
Ein Sandsturm überfällt Caba Vale, ein Dorf im öden Zentrum der Transkei. Das Gebiet war eines jener so genannten Bantustans, die von der weißen Apartheid-Regierung als »Afrikaner-Reservate« eingerichtet waren

SÜDAFRIKA 1992. Mit einem Maschendrahtzaun hält der Besitzer des »bush-shop« in der Transkei die Kundschaft auf Abstand zu Waren und zur Kasse. Die Schutzmaßnahme empfahl sich besonders während der gewaltsam ausgetragenen Konflikte zwischen der Xhosa-Partei »Afrikanischer Nationalkongress« (ANC) und der »Inkatha Freiheitspartei« (IFP) der Zulu

SÜDAFRIKA 1993.
Ein Flüchtling aus dem bettelarmen Mosambik versucht, die mit Stacheldraht gesicherte Grenze zum »gelobten Land« Südafrika zu überwinden. Dabei muss er sich den mit 3500 Volt geladenen Draht mithilfe gegabelter Holzstöcke vom Leib halten. Hunderte seiner Landsleute erlagen an der 72 Kilometer langen »Feuerschlange«, wie Einheimische den Zaun nennen, dem elektrischen Todesstoß. Als Nelson Mandela an die Regierung kam, wurde der Strom abgeschaltet – der Stacheldraht blieb

SÜDAFRIKA 1993. Die meist aus Mosambik geflüchteten Landarbeiter sind anspruchslos und wegen ihres Fleißes bei den Farmern beliebt. Doch einige Weiße machen sich die Notlage ihrer Helfer zunutze: Mitunter werden illegale Flüchtlinge kurz vor Zahltag der Polizei überstellt und ohne Lohn abgeschoben

SÜDAFRIKA 1991.
In Natal, der Wiege
des Zulu-Volks, brennen
Farmarbeiter kurz vor
der Ernte Unkraut in den
Zuckerrohrfeldern ab

SÜDAFRIKA 1991.
Im Trauerhaus von Bhakimbazo weint ein Zulu-Mädchen um ihren Bruder, der in einem Streit mit Anhängern der zulufeindlichen Xhosa-Partei ANC getötet wurde. Die Häute an der Wand stammen von Tieren, die bei Begräbniszeremonien geopfert wurden

GEDÄCHTNIS UND GEFÜHL

Michael Stührenberg

Vor einigen Jahren saß ich mit Pascal Maitre unter einem Baum in Niger und bewunderte die perfekte, wenngleich etwas anrüchige Eleganz vorüberziehender Kühe. Der Baum war eine magere Stechakazie und bot den in Sahelregionen üblichen kargen Schatten: ein fleckiges, rundes Muster auf sandigem Boden. „In Buzançais", sagte Pascal, „sind die Kühe doppelt so groß wie hier."

Das Schweigen, das auf diese Worte folgte, drückte ärger als die Hitze. Neben uns, im Zentrum des Akazienschattens, stand das geschnitzte Holzbett eines Häuptlings der Wodaabe-Nomaden. Er hieß Gundi. Außer dem Bett, einer Kamelleder-Kiste mit bestickten Gewändern darin, drei dunkelblauen Turbanen sowie der Zuneigung verschiedener Frauen seines Clans gehörte dem Häuptling auch die Herde, die vor uns vorüberzog. Sie war die Liebe seines Lebens.

Es waren Zeburinder knorrigster Art. Nomaden im Sahel befinden sich in einem ständigen Wettlauf gegen das stete Vertrocknen der Natur, das hier Teil der Jahreszeiten geworden ist. Während der schlimmen Monate, von März bis zum Beginn der Regenzeit im Juni, legen die Herden Märsche von täglich 20 Kilometern oder mehr zurück. So spärlich ist das Gras auf ihrem Weg, dass nur die ständige Verlängerung der Wanderung die Tiere ernähren kann.

Gundis Kühe sahen dementsprechend aus. Mühelos konnte man ihre Rippen zählen. Dennoch erschien mir Pascals Vergleich mit den fetten Kühen in Frankreich fehl am Platz. Seit drei Tagen teilten wir des Häuptlings Gastfreundschaft unter der Akazie. War es da angebracht, seinen Stolz auf die Schönheit seiner Kühe zu stören?

Der Häuptling ließ mehrere Minuten wortlos in der Hitze zerschmelzen, bevor er entgegnete, jenes ferne Buzançais müsse von Allah derart mit Regen gesegnet sein, dass Herden dort ohne Hirten auskommen könnten. „Wer kümmert sich mehr um seine Kühe?", trumpfte Gundi auf, „ich oder der Häuptling von Buzançais?" Die Antwort lag auf der Hand. „Also sind meine Kühe mehr wert", beschloss unser Gastgeber und richtete den verliebten Blick wieder auf die gewaltigen Hörner seiner vorübertrottenden Zebus.

Die Relevanz von Anekdoten liegt nicht immer auf der Hand. Was, mögen manche fragen, soll diese Geschichte vor Augen führen? Das langweiligste Gespräch, das je in Afrika geführt wurde? Das Schicksal von Akazien im Sahel? Natürlich nicht. Vielmehr erscheint mir diese Episode – nach zehn Jahren Freundschaft und doppelt so vielen gemeinsamen Reportagen – in zwei Punkten bezeichnend für den Fotografen Pascal Maitre. Zum einen zeigt sie, dass Pascal mühelos drei Tage unter einem Baum in Afrika sitzen kann. Vermutlich länger. Sich damit begnügend, fotografische Ambitionen auf den frühen Morgen und die Stunde vor Sonnenuntergang zu begrenzen. In der übrigen Zeit ist das Licht so grell, sind die Kontraste so brutal, dass sie Fotografie fast gegenstandslos machen. Ein Porträt von Chef Gundi um die Mittagszeit würde eine Silhouette zeigen, die auf den Schultern – dort, wo Betrachter ein Gesicht vermuten – eine schwarze Scheibe zur Schau trüge. Deshalb ist Geduld, wie sie in Pascals Metier meist nur Tierfotografen auszeichnet, im überbelichteten Afrika auch im Umgang mit Menschen unerlässlich. Schon allein aus fototechnischen Gründen.

Spielt sich die Arbeit zudem im Busch ab, in einer Gegend, die nicht durch häufige Szenenwechsel betört, benötigt der Fotograf eine weitere Voraussetzung: ein Afrika-Bild im Kopf, das sich dort schon lange vor dem Abdrücken entwickelt hat. Anders gesagt, er braucht Antworten auf Fragen wie: Macht es Sinn, drei Tage unter einem Baum zu warten? Wie interessant sind Nomaden und Kühe?

Die Antworten – zumindest jene, die Pascal gefunden hat – gründen in einem zweiten Spezifikum seines Wesens. Denn zweitens zeigte sein Gespräch mit dem Wodaabe-Chef erneut die Besessenheit, mit der er selbst die entlegensten Orte Afrikas in Nachbarschaft zu seinem Heimatdorf Buzançais zu rücken versucht. Fragt man Pascal nach der Verbindung zwischen Buzançais und Afrika, kramt er die Geschichte jenes Nachbarn heraus, der ihm, dem 10- oder 11-jährigen Jungen, einst die ersten Träume von Ferne und Abenteuer bescherte. Der Mann war „méhariste" gewesen, ein kamelberittener Wüstengendarm in Frankreichs Kolonien unter dem

Wendekreis des Krebses. Seit über 20 Jahren im dörflichen Ruhestand, ließ ihn Afrika dennoch nicht los. Ein Geräte-Schuppen, zu dem er seiner Frau jeden Zugang untersagte, diente ihm als Tempel der Erinnerungen. Dort erzählte er dem kleinen Pascal von Begegnungen in Ergs und Wadis, vom elementaren Unterschied zwischen schwarzen Frauen und weißen. So eindringlich, dass der Junge meinte, auch er müsse „unbedingt dorthin". Und tatsächlich hat ihn dann sein erster Auslandsauftrag als Fotoreporter 1980 nach Afrika geführt.

Ich glaube zwar, dass die Abkürzung, die in Pascals Geschichte vom Dorf zum fernen Kontinent führt, ein wenig zu kurz geraten ist. Wahr aber ist, dass es ohne Buzançais keine Afrika-Fotografie von Pascal Maitre gäbe. Oder eine ganz andere. Fremde können den Ort seiner Kindheit nur mit Mühe auf der Landkarte finden. Das Dorf liegt in der mittelfranzösischen Provinz Berry. Es ist eines jener Nester ohne erkennbare Reize, denen die Landflucht in den vergangenen vierzig Jahren auch noch das Stigma irreparabler Trostlosigkeit zugefügt hat. Wer in einem solchen Ort aufwächst, wird die Bescheidenheit der Zurückgelassenen den Rest seines Lebens nicht los. Auch wenn er, wie ein moderner Held Balzacs, nach Paris zieht und dort berühmt wird. Pascals Entspanntheit gründet in seinem Grauen vor Wichtigtuerei, vor jener Attitüde, die dem Reporterdasein heute so fatal anzuhaften scheint.

Pascal weiß, wie sich jemand fühlt im Sucher von Fremden aus komfortableren Gegenden. Daher seine Behutsamkeit, die nicht Masche ist. Sondern Vertrautheit. Das ist für mich das simple Geheimnis seiner Afrika-Fotografie. Mehr als journalistische Hartnäckigkeit, technische Brillanz, kompositorische Begabung. Eher die Umsetzung eines Zusammenspiels von Gedächtnis und Gefühl. Er erkennt, was er sieht, als einen Teil seiner Welt und seiner Wurzeln wieder. Pascals Stärke – das ist die Echtheit seines Interesses an Gundis Kühen.

Hoffnungsloser Anachronismus? Denn was ist Afrika, aus der globalen Perspektive betrachtet, schon noch anderes als eine zurückgebliebene Nachbarschaft? Ein kontinentaler Hinterhof, der sich unserem Auge in prämodernen, nur allzu gern als „biblisch" beweinten Szenen darstellt? Wandelnde Hungergerippe im äthiopischen Hochland gehören zu diesem Repertoire. Massai-Krieger im Kostüm ritueller Löwenjagd. Letzte schwarze Könige auf Elfenbein-Thronen. Es sei denn, die aktuellen Ereignisse bescheren uns Bilder, die sich zu einer Allegorie von Perversion und Leid zusammenfügen: mörderische Kindersoldaten in Mosambik, Liberia, Sierra Leone. Schwarze Massen in Flüchtlingslagern. Auch sie im Morgengrauen wieder „pastoral", wenn sie eingehüllt in Decken zwischen mageren Feuern umherirren. Als könnten Bewohner dieses Kontinents nur im Gewand tiefer Symbolik auftreten.

Pascals Behauptung hingegen lautet, dass es eine andere afrikanische Normalität gibt. Und dass sie auf dem Land liegt. Selbst wenn Millionen gezwungen sind, ihr Dörflertum in Städte zu verpflanzen. Aber welcher Bewohner von Nairobi könnte auskommen ohne seine „chamba", das Mais- oder Bohnenfeld draußen im Busch? Und wo könnte der Mann aus Abidjan oder Dakar Hilfe finden, wenn nicht „au village"? Dort stecken seine Wurzeln. Im Boden von Traditionen, die hinter den Fassaden urbaner Modernität die Werte und Ängste der afrikanischen Gesellschaft prägen.

Eine diesbezügliche Lektion erhielt selbst der mit Afrika so vertraute Pascal auf einem Fest in Burkina Faso. Eingeladen hatte ihn der Häuptling eines Dorfes namens Boni. Das Fest markierte den einjährigen Todestag des „chef des masques", der in dem animistischen Volk die rituellen Auftritte der Totem-Masken bestimmte. Seine Einladung hatte Pascal nur wieder Buzançais zu verdanken. Dem Umstand, dass er dem Häuptling bei einem früheren Besuch von seinem Vater, Großvater und Urgroßvater erzählt hatte. Die waren Schmiede gewesen, hatten im Dorf jedoch auch als Medizinmann gedient, als Kräuterdoktor, Wunderheiler mit magnetischen Kräften. Dies machte Pascal zu einem wichtigen Mann – zumindest in den Augen des Häuptlings, der ihm nach Paris schrieb, um ihn über Datum und Vorbereitung des Festes auf dem Laufenden zu halten. Als es so weit war und Pascal erneut in Boni eintraf, machte ihn der Häuptling mit den Regeln bekannt. Es gebe eine Maske, betonte er, deren Weg man unter keinen Umständen „kreuzen“ dürfe.

Natürlich passierte genau das. Die Welt in diesem Augenblick durch seine Leica betrachtend, überschritt Pascal die Tabulinie. Augenblicklich kam das Fest zum Stillstand. Wie ein Film, der im Projektor festklemmt. Die Masken-Männer blieben wie angewurzelt stehen, die Festgäste waren sprachlos. Nach dem Schweigen brach der Sturm los. Heftige Palaver, erregte Gesten. Mittendrin Pascal, der zunächst nur verstand, dass sich auf der Stelle ein Tribunal aus Dorfältesten zusammensetzen würde, um über ihn zu richten.

Der Häuptling erklärte Grund und Ausmaß der Erregung: Die Geister forderten Sühne, drohten mit Rache. Würde in den kommenden Monaten ein Unglück über Boni hereinbrechen – und die Möglichkeiten waren hier weitgesteckt, von Dürre über Heuschrecken bis hin zu Malaria und verschiedenen Epidemien –, so wäre dessen Ursache offensichtlich. Deshalb müsse der Schaden sofort behoben werden. Andernfalls – das heißt: im Katastrophenfall – würde der Häuptling zahlen müssen, möglicherweise mit seinem Leben.

Pascal entrichtete tausend Francs Buße und wurde um eine Erkenntnis reicher: Die verblüffende Direktheit aller Dinge in einer Welt ohne Netz und Seile. Ohne Versicherung. Ohne die Möglichkeit von Rückgabe, Umtausch, Reklamation. Nichts war hier gratis, und alles hatte Folgen.

Heute, in Paris, fühlt sich Pascal „in einer überentwickelten Welt, wo Rede Realität ersetzt“. Es ist schwierig, die Natur einer Sache zu erkennen. Herauszufinden, wie etwas wirklich ist. Vielmehr zählten „Standpunkte“. Sollte einer dieser Standpunkte auf falschen Voraussetzungen beruhen, stellen sich Folgen, wenn überhaupt, erst viel später ein. Bis dahin bleibt Zeit, sich eine neue Realität zusammenzureden. „Wir sind abgesichert – gegen Unfall, Alter, Arbeitslosigkeit und sonstige Widrigkeiten. Deshalb sind die meisten unserer Worte und Taten ohne Risiko.“

In Mangelgesellschaften wie der afrikanischen jedoch gibt es keine Ausrede. Jeder Fehler, jedes Versagen fordert seinen Preis. Und dies absurderweise umso mehr, wie sich das Schicksal der menschlichen Verantwortung entzieht. Weil es Faktoren wie Klima untersteht, den unkontrollierbaren Launen von Sonne und Regen.

Auf dieser Fragilität der Existenz, ihrer ständigen Bedrohung durch Kalamitäten, beruht in scheinbarem Widerspruch auch Afrikas Fähigkeit zu Harmonie. Sogar in jenen Flüchtlingslagern am Rande Ruandas, aus denen ein mit ihm reisender Journalist nur Hoffnungslosigkeit zu melden hatte, fand Pascals Kamera zahlreiche Szenen, die vom Gegenteil berichteten: Hochzeiten, Handel, Diskotheken. Zweifellos trugen die beiden Reporter verschiedene Afrika-Bilder in ihrem Kopf. Auf die Frage, was ihn an diesem anscheinend nur von Katastrophen geprägten Kontinent anziehe, sagt Pascal: „Die Anmut der Menschen, ihre Lust, die Feste, das Leben und das Überleben.“

Natürlich will er das Leid nicht leugnen, das Afrika oft in so ungeheurem Maße heimsucht. Wer könnte den Völkermord in Ruanda vergessen, die 30-jährigen Kriege in Angola und Sudan, den Hunger Äthiopiens, die leeren Aids-Dörfer in Uganda und Kongo? Doch das Pathos, mit dem unser Blick diese Länder streift, wird der Wahrheit nicht mehr gerecht. Weil es die Betroffenen nicht teilen. Nicht teilen dürfen, wenn sie ihren Anspruch auf neue Normalität nicht verlieren wollen. Wer dem Leid nachgibt, löst sich von den Übrigen. Leben ist Gemeinschaft, ist wie ein Dorf. Einsamkeit ist Tod.

„Während des Terror-Krieges in Mosambik“, erinnert sich Pascal, „traf ich in einem Buschlazarett auf einen Mann, dem die Renamo-Guerilla die Genitalien abgeschnitten hatte. Nun saß er nackt auf einem Eisenbett, und in seinem Unterleib steckte ein Plastikschlauch. Am Bettrand hockten zwei seiner Freunde aus dem Dorf und machten Witze. Die drei amüsierten sich großartig; einen Augenblick dachte ich, sie seien verrückt. Der Invalide freute sich über meinen Besuch. In Mosambik gehe es den Leuten derzeit nicht besonders gut, meinte er. Für das Foto, mahnte ich ihn, müsse er ein ernstes Gesicht machen. Aber er war einfach nicht aus dem Lachen zu bringen. Erst eine halbe Stunde später gelang ihm eine seriöse Miene. Wäre ich ehrlich gewesen, hätte ich meinem Auftraggeber Fotos von einem gutgelaunten Krüppel schicken müssen. Bilder, die Bände sprechen von der Kraft Afrikas. Doch wer in meiner Welt hätte sie ertragen können?"

Ein nüchterner Blick. Mitgefühl ohne Sentimentalität. Nähe und Zurückhaltung. Ohne diese Ausrüstung ist Afrika Weißen nicht zugänglich. Ohne den Mut, Dinge zu sehen, die wir uns oft nicht trauen, beim Namen zu nennen. Weil sie mit unserem Gefühl für Schicklichkeit kollidieren, damit, was man mittlerweile besinnungslos als „political correctness" bezeichnet.

1993 verbrachten Pascal und ich zwei Monate bei Tuareg-Rebellen im Süden der Sahara, in einem ergreifenden Dekor: Ein paar hundert Mann mit klapprigen Autos und Kamelen, stationiert in einer Leere, in die sich ohnehin kein Feind wagte. Nichts geschah, die meiste Zeit verging in logistischen Unmöglichkeiten. Einmal lagen wir 36 Stunden auf einer Düne und hofften auf ein Flugzeug, das nie kam. Das Gebiet befand sich am Nordrand des Aïr-Gebirges. Früher war es Buschland gewesen, getränkt von Wadis, die sich während der Regenzeit in diese Ebene ergossen und den Herden der Tuareg-Nomaden auf Monate Weideland garantierten.

Doch dann waren die großen Sahel-Dürren von 1973/74 und 1984/85 gekommen und die Herden verendet. Viele Nomaden in Niger und Mali mussten sich am Rande der Städte niederlassen. Andere flohen nach Libyen, in die Kasernen der Islamischen Legion Gadhafis, der sie als Kanonenfutter im Tschad-Krieg benutzte. Nun waren sie zurück, besiegt und verraten, und an jenem Abend beschien der Mond eine Landschaft, die wie ein Symbol ihrer Tragödie wirkte. Am Fuß der Düne ragten umgekippte, in sich zusammengefallene Stämme und Äste toter Akazien aus dem Sand. Wie die Arme von Ertrinkenden. Einst hatten dort Nomaden ihre Herden geweidet. Ohne die beiden Dürren, war mir klar, hätte es nie eine Tuareg-Rebellion gegeben.

Meine Notizen, Eindrücke, die sorgsam gefilterten Zitate, sie alle zeichneten das danteske Szenario einer von der Natur zum Tode verurteilten Zivilisation. Dann sah ich Pascals Bilder. Keines von ihnen ging konform mit der Moral meiner Geschichte. Im Gegenteil: Sie vermittelten den Eindruck einer perfekten Symbiose zwischen Menschen und ihrer natürlichen Umgebung. Die Verstricktheit von Außergewöhnlichem und Normalität, das Zerfließen der Grenze zwischen beidem. Und es stimmte ja, dass die Tuareg seit Jahrhunderten mit der Wüste lebten. Und dass die Wadis seit jeher von Dürren heimgesucht wurden, meist in Abständen von zehn bis zwölf Jahren. Die Rebellion, musste ich mir verdeutlichen, war vielleicht aus Tragik geboren, doch die Rebellen lebten nicht in deren Bewusstsein. Vertraut mit ihrer Welt, mit deren Süße wie den Härten, verbrachten sie auch jetzt eine gute Zeit.

Nachts auf der Düne lauschte Pascal, der mit Transistorradio reist, dem Afrikaprogramm von Radio France Internationale. Einige der Rebellen verstanden Französisch. Gemeinsam hörten wir einen Bericht über das Absinken des Grundwasserspiegels in Frankreich. Seit Jahren habe es dort nicht ausreichend geregnet. Sollte die Tendenz anhalten, bestünde „Dürregefahr", sagte der Sprecher ernst. Einen Moment lang schauten uns die Tuareg fragend an, dann brach Gelächter los. Die Nachricht war grotesk, das Lachen der Tuareg ohne Bitterkeit. Für sie war es nur „le blabla des Blancs", überflüssiges Gerede von Weißen. So, als hätte mir jemand klarzumachen versucht, im Teutoburger Wald könnte es Giraffen geben.

Klar, aus solchem Stoff ließ sich kein Artikel bauen. Ich warf die Notizen in den Papierkorb. Geblieben sind Pascals Bilder. Momentaufnahmen, die viele andere Afrikas resümieren, kondensieren. Ohne Pathos. Alltägliches. Wie wenn ein Bekannter hinschaut. Ein Fotograf aus dem Nachbardorf.

Michael Stührenberg,
1952 in Detmold geboren, hat mehrere Jahre als Gymnasiallehrer in Westafrika gearbeitet, bevor er sich dem Journalismus zuwandte. 1980 begann er als Redakteur bei der Nachrichtenagentur Agence France-Presse in Paris, wechselte 1986 zum „Vorwärts"; seit 1987 arbeitet er als freier Reporter mit Wohnsitz Paris. Regelmäßiger Autor von GEO ist er seit 1990, mit Schwerpunkt Lateinamerika und Afrika. Für die meisten seiner über 30 GEO-Reportagen war Stührenberg mit Pascal Maitre unterwegs.

AKSANTI! DANKE! THANKS! MERCI!

Meine Dankbarkeit geht an meine afrikanischen Freunde, die mir ohne Zögern ihr Leben, ihr Haus, ihr Herz geöffnet haben. Ganz besonders an Burundi Maggy, die mir die größten Lehrstunden in Mut, Würde und Großzügigkeit gab. An Chief Panga von den Bobo in Burkina Faso. An Kali bei den Bassari in Senegal. An Mano Dayak von den Tuareg in Niger, der zu früh gestorben ist, um dieses Buch zu sehen. An Mohamed Ixa, Limane Feltou und Kalakoa.

Ich möchte meinen ganzen Dank ausdrücken an Ruth Eichhorn, die an das Buchprojekt geglaubt und es über zwei Jahre gefördert und in Krisen verteidigt hat. An Peter-Matthias Gaede für sein Vertrauen und seine Unterstützung in vielen Jahren einer gemeinsamen Arbeit, die mit dem Buch ein vorläufiges Ende gefunden hat. An Christiane Breustedt für ihre großartige Hilfe, ihre Freundschaft und ihre Förderung, die mich weitergebracht und gelehrt haben, den Foto-Journalismus zu lieben.

Ich danke Jean-Luc Marty und Sylvie Rebbot, deren Freundschaft und Unterstützung mir bei der Vollendung meiner Arbeit geholfen haben.

Meine Dankbarkeit gilt auch meinen Kollegen Pierre Gaillard, Bartholomäus Grill, Alain Louyot, Mohamed Maôga, François Soudan und Emanuel Transon, die die Geduld und Freundlichkeit hatten, mich bei meiner Arbeit in Afrika zu unterstützen. Und besonders Jean Claude Klotchkoff und Michael Stührenberg, die bereit waren, an diesem Buch mitzuarbeiten.

Ich danke meinen Fotografen-Freunden Hélène Bamberger, Alain Keler, Daniel Laîné und Serge Sibert für ihre Ermutigung und kritische Begleitung meiner Arbeit.

Ich danke dem Team von Aperture für seine Hilfe und sein Verständnis, besonders Michael Sand und Wendy Byrne, sowie den Teams der Agenturen Focus in Hamburg, Matrix in New York und Cosmos in Paris.

Ich danke ganz besonders meinem Vater, Marcel Maitre – dafür, dass er mich die Freiheit zu lieben lehrte und sein Vertrauen in mich setzte. Und Shungu Albert, meinem Schwiegervater, der mich in seine große afrikanische Familie aufgenommen hat. Leider werden beide dieses Buch nicht mehr sehen können.

Ich weiß nicht, wie ich meiner Familie – Ekanga, Chubert und Nicolas – danken soll. Sie haben meine ständige Abwesenheit ertragen und mich dennoch und gegen alle Widerstände in diesem Projekt unterstützt.

Pascal Maitre

GEO

Herausgeber: **Peter-Matthias Gaede**

Deutsche Erstausgabe

1. Auflage, September 2000

Titel der amerikanischen Ausgabe „Mon Afrique“,

erschienen bei Aperture Foundation in New York.

Buchgestaltung: **Wendy Byrne**

Druck: **SFERA international**, Mailand

Umschlaggestaltung und Gestaltung der deutschen Ausgabe:

Peter Dasse

Lektorat der deutschen Ausgabe:

Rolf Bökemeier, **Günther Mack**

Schlussredaktion:

Karola Schulte, **Hinnerk Seelhoff**

ISBN-Nr.: 3-570-19264-4